[美] 卫斯理·R.格雷 Wesley R. Gray　杰克·R.沃格尔 Jack R. Vogel 著　马林梅 译

QUANTITATIVE MOMENTUM

构建量化动量选股系统的实用指南

A PRACTITIONER'S GUIDE TO BUILDING
A MOMENTUM-BASED STOCK SELECTION SYSTEM

中国青年出版社
CHINA YOUTH PRESS

图书在版编目（CIP）数据

构建量化动量选股系统的实用指南 /（美）卫斯理 · R. 格雷，（美）杰克 · R. 沃格尔著；马林梅译. —北京：中国青年出版社，2018.10

书名原文：Quantitative Momentum: A Practitioner's Guide to Building a Momentum-Based Stock Selection System

ISBN 978-7-5153-5232-9

Ⅰ.①构… Ⅱ.①卫… ②杰… ③马… Ⅲ.①股票投资 – 指南 Ⅳ.①F830.91-62

中国版本图书馆CIP数据核字（2018）第181361号

构建量化动量选股系统的实用指南

作　　者：〔美〕卫斯理 · R. 格雷　杰克 · R. 沃格尔
译　　者：马林梅
责任编辑：肖　佳　庞冰心
特约编辑：饶玉涵
美术编辑：张燕楠
出　　版：中国青年出版社
发　　行：北京中青文文化传媒有限公司
电　　话：010-65511270/65516873
公司网址：www.cyb.com.cn
购书网址：zqwts.tmall.com
印　　刷：大厂回族自治县益利印刷有限公司
版　　次：2018年10月第1版
印　　次：2022年4月第6次印刷
开　　本：787 × 1092　1/16
字　　数：176千字
印　　张：15.5
京权图字：01-2018-1854
书　　号：ISBN 978-7-5153-5232-9
定　　价：59.00元

QUANTITATIVE MOMENTUM

目 录

序言 009

第一部分 了解动量 013

第一章 少点信条，多点理性 015

技术分析：最古老的市场信条 /015

一个新的信条诞生：基本面分析 /020

靠证据说话的投资时代 /023

我们的观点：少点信条，多点理性 /025

不必担心，本书是关于选股动量的 /025

小 结 /028

第二章 主动投资策略为何能奏效 030

深入虎穴 /032

无效市场的标新立异者：价值投资者 / 032
进入行为金融学领域 / 036
优秀的投资者就如同优秀的纸牌玩家 / 042
了解牌技最烂的玩家 / 043
了解牌技最佳的玩家 / 044
积极管理长期成功的关键 / 049
融会贯通 / 062
成长型投资的表现如此糟糕，为什么还要做此类投资 / 063
能否找到更出色的多元化投资组合 / 066
小 结 / 069

第三章 动量投资不是成长型投资 070
有效市场压制相对强势 / 071
"动量"从废墟中崛起 / 072
行为金融理论家解释动量 / 074
等等，动量投资就是成长型投资？这说不通 / 076
深入挖掘成长股与动量股之间的关系 / 079
但动量为何有效 / 084
拙劣玩家创造了动量异象吗 / 086
优秀玩家如何考虑动量 / 091
与动量投资相似的是价值投资，而非成长型投资 / 093
小 结 / 094

第四章　为什么所有的价值投资者都需要动量　096
动量“神话”　/ 097
阿斯尼斯分清了事实和虚构　/ 098
用动量开拓你的眼界　/ 100
将价值股和动量股相结合　/ 105
小　结　/ 114

第二部分　构建基于动量的选股模型　115
第五章　制定动量策略的基础　117
如何计算一般动量　/ 118
三种类型的动量　/ 120
短期动量　/ 120
长期动量　/ 123
中期动量　/ 126
为什么动量投资组合的构建很重要　/ 129
小　结　/ 135

第六章　最大化动量：路径很重要　136
彩票型股票的表现　/ 140
动量利润的路径　/ 145
结　果　/ 150
小　结　/ 152

第七章　动量投资者要了解动量的季节性　154

橱窗装饰——别被出色报表蒙蔽了双眼　/156

税收激励交易　/160

理论很出色，但我们何以重视它们　/163

动量的季节性：结果　/165

小　结　/170

第八章　量化动量击败市场　172

交易成本　/175

可投资领域的参数　/177

量化动量分析　/178

概括统计　/179

回报分析　/181

风险分析　/183

稳健性分析　/189

看看黑箱里有什么　/196

用量化动量击败市场　/198

第九章　使动量在实践中奏效　201

两条腿的凳子：价值+动量　/202

关于投资组合构建的一个重要提示　/204

三条腿的凳子：综合投资组合+趋势分析　/207

职业风险考虑　/210

无法处理相对表现不佳的问题时该怎么办 /210

附录A：其他动量概念 215

动量与基本面有何关系 /216

52周最高价是表现更出色的信号吗 /225

绝对动量能否促进相对动量 /230

动量的波动性能够被抑制吗 /236

附录B：投资表现统计指标定义 243

附赠在线动量股筛选工具 245

序言

有效市场假说认为，过去的价格不能预测未来的成功。但事实是，过去的价格确实预测了未来的预期表现，这通常被称为“动量”效应。动量是任何人都能理解的一种简单策略的缩影，这一策略就是买入赢家股。动量可谓是一个公开的秘密。买入过去的赢家股，有关这种做法的记录至今已延续了200多年，而且令有效市场假说（Efficient Market Hypothesis，EMH）蒙羞。那么，为什么并非人人都是动量投资者呢？我们认为有两个原因：一是本能的行为偏差导致许多投资者成为了反动量交易者；二是对于想利用动量的专业人士来说，市场的约束使利用动量成为一项颇具挑战性的事业。

只要人类出现系统的预期误差，价格就有可能偏离基本面。一般来说，在价值投资背景下，这种预期误差似乎是对坏消息的反应过度导致的，而就动量而言，预期误差出乎意料地与对好消息的反应不足有关（有人认为这是一种反应过度，虽然不能排除这种可能，但总体证据更支持反应不足假说）。因此，那些认为行为偏差推动了价值投资因而获得了长期超额收益的投资者相信，行为偏差是推动长期动量可持续性的关键机制。

总之，价值和动量代表的是同一行为偏差硬币的两个面。

但为什么动量策略未被更多的投资者利用和加以套利呢？正如我们将要讨论的，错误定价机会被消除的速度取决于利用这一机会的成本。抛开一系列非零的交易成本和信息获取成本，利用长期错误定价机会的最大代价是资产管理人的职业风险担忧。由于投资者通常会委托专业的人士代为管理资本，职业风险就产生了。不幸的是，投资者将资金委托给专业的资金管理人后，在评估管理人的表现时，通常依据的是后者相对于基准的短期表现，这就对专业的资金管理人造成了扭曲的激励。

一方面，由于预期的长期表现较高，资金管理人想利用错误定价机会；但另一方面，他们又受到了掣肘，因为他们对错误定价机会的利用不能导致预期表现偏离标准基准太远或偏离时间太长。总之，像动量这样的策略可能奏效，因为它们有时会大幅偏离被动基准（passive benchmarks），从而产生“职业风险”溢价。遵循这样的推理，只需要假定以下内容为真，我们就可以相信动量策略或能带来超额收益的策略在将来是可持续的：

- 投资者继续遭受行为偏差的影响；
- 委托他人投资的投资者是短视的表现追逐者。

我们认为，我们在可预见的未来可以信赖这两个假设，而且，我们相信市场总会为流程驱动、专注于长期、严守规则的投资者留下机会。

假设我们已经做好了成为动量投资者的准备，而且我们已经深刻地认识到了这一事实：为了获得可持续的超额收益，我们必定要经历一段痛苦的旅程；那么此时我们需要解决这一简单的问题了：如何构建有效的动量策略？我们在本书中概述了多年来我们为构建动量选股策略而开展的研究。我们的探索得出的结论就是量化动量策略，也可将其总结为买入具有最高质量动量的股票的策略。提前申明，我们并没有声称我们设计出了“最佳”或者“保证”有效的动量策略，但我们认为，我们的程序是合理的、以证据为基础的，而且其一致性和逻辑均合乎行为金融学的解释。我们为何以及如何开发这一程序，与此相关的信息也是极为透明的。我们希望读者对我们的假设提出质疑，对结果进行逆向工程操作，并对程序的改进提出宝贵意见。读者可通过AlphaArchitect.com随时与我们联系，我们很乐意解答各种问题。

我们希望读者能喜欢量化动量的故事。

QUANTITATIVE MOMENTUM

第一部分

了解动量

本书共分为两部分。第一部分阐述以动量作为系统选股工具的基本原理。在第一章（少点信条，多点理性）中，我们讨论了两种主要的投资信条：基本面分析和技术分析。我们建议，重证据的投资者要兼顾两种方法。在接下来的第二章（主动投资策略为何能奏效）中，我们概述了我们的可持续主动投资框架，这有助于我们确认一项策略能长期奏效（即“优势”）的原因。我们在第三章（动量投资不是成长型投资）中指出，动量投资与价值投资一样，都是一种可持续的异象。我们在第一部分的最后一章即第四章（为什么所有的价值投资者都需要动量）中讨论了与动量投资相关的证据，这些证据表明，大多数的投资者在构建多元化的投资组合时至少应该考虑动量投资。

第一章　少点信条，多点理性

孩子：“爸爸，你确定这是圣诞老人送来的礼物吗？”

父亲：“是啊，是圣诞老人驾着雪橇送来的。”

孩子：“我也这么认为，因为他确实吃了我们留在壁炉旁的饼干，喝了牛奶。”

——圣诞节当天一对父子的典型对话

■ 技术分析：最古老的市场信条

17世纪，荷兰拥有一支庞大的商船队，其港口城市阿姆斯特丹是世界的主要贸易枢纽。伴随着荷兰共和国的影响力与日俱增，荷兰东印度公司于1602年成立。该公司演变为第一家股票公开上市的全球性公司，并推动了阿姆斯特丹证券交易所的一系列金融创新，包括之后其他公司的上市，甚至是卖空。

1688年，一位成功的荷兰商人约瑟夫·德拉维加（Joseph de la Vega）写了一本名曰《乱中之乱》（*Confusion De Confusiones*）的书，这是已知最早的描述股票交易所和股票交易的著作。当今的一些研究人员认为，应将德拉维加视为行为金融学之父，因为在现代金融学期刊有所记录之前，他就生动地描述了过度交易、反应过度、滞后反应和处置效应等行为。①

德拉维加在其著作中描述了交易所的日常业务，并间接提及了价格是如何确定的：

> 当一名做多者在交易所营业时间进入这样一家咖啡馆时，在场的人会向他打听股票价格的信息。他给当日的股票价格增加一两个百分点，并煞有介事地拿出一个笔记本，装模作样地在上面记录客户对他的委托事宜。人们买入股票的欲望提高了，这种行为也增加了人们对股票价格有可能上涨的忧虑（在这一点上，我们都是一样的：股价上涨时，我们认为它们会迅速暴涨，而当它们已涨到高位时，我们认为它们会暴跌）。②

德拉维加似乎是在描述上涨的价格本身如何导致了持续的价格上涨。

① 特瑞萨·科尔佐（Teresa Corzo）、玛格丽塔·普拉特（Margarita Prat）和埃丝特·瓦凯罗（Esther Vaquero）:《约瑟夫·德拉维加〈乱中之乱〉中的行为金融学》,《行为金融学杂志》（*The Journal of Behavioral Finance*）2014年第15卷，第341—350页。

② 约瑟夫·德拉维加：《乱中之乱》，1688年版的英译本，见网址：babel.hathitrust.org/cgi/pt?id=uc1.32106019504239，访问时间为2015年2月15日。

用卫斯（Wes）在华尔街一家大银行管理做市业务部门的研究生室友的话说就是："高价吸引买家，低价吸引卖家。"①

德拉维加还写道：

> 价格的下跌不需要一个限度，价格的上涨也有无限的可能……因此，过高的价值不应让你感到惊骇……总会有买家将你从焦虑中解脱出来……做多者对正持续变得有利于他们的商业状况欢欣不已，他们的态度轻率而自信，甚至不太利于他们的信息都不能影响到他们，不能引起他们的焦虑……哲学家教导人们，当原因不复存在时，结果也就不复存在了，那么，做空者在他们卖出的理由已经不复存在之后还会卖出，这似乎与哲学相矛盾。但如果做空者固执地继续卖出，那么即使在原因已经消失之后，也还会有一个结果。②

德拉维加在这里明确讨论的是，除价格行为本身外，即使没有直接的理由或原因，做多者何以能继续买入，做空者何以能继续卖出。因此，我们从中可以看出，即使在17世纪的欧洲，价格变化（与基本面无关）也能影响未来的市场价格。

早期的技术分析在欧洲的股票交易中不断演变，但更迷人的金融实验却发生在日本。在17世纪的日本，占人口多数的农民阶级被迫从事农耕，这为统治国家的军人阶层提供了支持税基，而军人阶层反过来又保

① 杰瑞德·胡里克（Jared Hullick）语。
② 德拉维加。

护了农地。作为当时日本的第一大农作物，稻米提供了90%的政府收入，也是日本经济的主要产品。

稻米的重要作用导致1697年日本正式的交易市场——堂岛稻米市场（Dojima Rice Market）建立，许多人认为它是世界上第一个期货市场。该市场逐渐形成了一个仓储网络，并建立了信用和清算机制。①

日本迅速演变的稻米市场为期货交易提供了优渥的金融环境。18世纪中叶，一位名叫本间宗久（Munehisa Homma，1724—1803）的年轻米商在这里找到了用武之地。他交易大米期货，并利用私人通信网络进行于己有利的交易。他还利用过去的价格来预测未来的价格走势，但他关键的洞见涉及市场心理。

1755年，本间写出了《黄金泉——三猿金钱录》（*The Fountain of Gold—The Three Monkey Record of Money*）一书，描述了情感的作用及其对大米价格的影响。本间观察到，“市场心理对交易的成功至关重要”，而且“研究市场的情感……有助于预测价格”。因此，本间和德拉维加一样，也许是有记载的行为金融领域最早的从业者，他的书是涉及市场和投资者心理的最早著作。②

本间在多头和空头市场均有投资，因此是今天对冲基金的先行者。他在期货市场大获成功，积累了巨额财富，富甲天下，以至于当时流传

① 见网址：www.ndl.go.jp/scenery/kansai/e/column/markets_in_osaka.html，访问时间为2015年2月15日。

② 贾斯米娜·哈桑霍德齐克（Jasmina Hasanhodzic）:《技术分析：基于神经网络的交易指标模式识别、对各指标预测价值的统计评估和对该领域的历史回顾》（*Technical Analysis: Neural network based pattern recognition of technical trading indicators, statistical evaluation of their predictive value and a historical overview of the field*），麻省理工学院硕士学位论文（1979年），可通过hdl.handle.net/1721.1/28725查阅。

着这样一句谚语："我可能登上领主宝座，却休想如本间宗久那般富有。"他最终成了日本政府的顾问，也是日本第一个主权财富基金的顾问。[①]

在地球的另一端，金融市场也在不断演变着。19世纪末和20世纪初是美国股市参与度大大提高的时期。当时最著名的一位股票投资者名叫杰西·利弗莫尔（Jesse Livermore），他从14岁起就开始股票交易，一生在股市几度沉浮，有赚有赔。

一位名叫爱德文·拉斐尔（Edwin Lefevre）的美国作家为其撰写了一部传记，名为《股票作手回忆录》（*Reminiscences of a Stock Operator*）。该书记录了利弗莫尔20世纪早期的生平和经历，并描述了利弗莫尔运用技术交易规则取得的成功。此外，拉斐尔还描述了利弗莫尔有关市场的总体理念：

> 你观察着市场……只有一个目的：确定方向，也就是价格趋势……市场开市后，谁都不知道它是多头市场还是空头市场。在心态开放、慧眼独具的人看来，趋势是明显的……[②]

当我们仔细研究利弗莫尔的买入和卖出决策时，我们对他的投资理念有了更深入的了解。他说道："我告诉许多有经验的交易商，我买股票时愿意以较高的价格买入，抛出时必须以低价抛出，他们都觉得不可思议，这实在令我感到惊讶。"今天，我们承认这些决策就是现代的"动量"策略。

---

① 史蒂夫·尼森（Steve Nison），《日本蜡烛图技术》（*Japanese Candlestick Charting Techniques*），普伦蒂斯霍尔出版社（纽约）（Prentice Hall Press）2001年出版。

② 爱德文·拉斐尔和罗杰·罗文斯坦（Roger Lowenstein）：《股票作手回忆录》，约翰威利出版有限公司（美国新泽西州霍博肯）2006年出版。

显然，投资者不是完全理性的，价格与未来的价格有关，这些都不是什么新想法。上述对约瑟夫·德拉维加、本间宗久和杰西·利弗莫尔这几位投资者的介绍都说明，历史上杰出的投资者都认可心理学在市场中的作用，都认为历史价格有助于预测未来的价格，换句话说，他们都承认技术分析的作用。但到了20世纪早期，一些投资者开始质疑技术分析是不是一种明智的投资方法，许多人认为对公司基本面的分析可能是更合理的技术。投资者开始仔细研究基本面分析，包括仔细审核公司财务报表，他们希望这样的分析能为投资决策提供更坚实的理由。特别地，一种新的投资理念开始得到推崇，这就是价值投资，它指的是以低价买入从盈利或现金流等基本面来看被低估的股票。

■ 一个新的信条诞生：基本面分析

本杰明·格雷厄姆是公认的价值投资之父。他认为，如果投资者以低于股票内在价值（由基本面分析确定）的价格购买股票，那么这些投资者就可能获得较高的风险调整后收益。格雷厄姆在《证券分析》（*Security Analysis*）和《聪明的投资者》（*The Intelligent Investor*）这两部史上最著名的投资著作中阐述了其价值投资框架。

格雷厄姆意识到技术分析方法有许多追随者，但他对这一方法的明确评价是：骗人的巫术。下面这段来自《聪明的投资者》的引言就总结了他的看法：

> 几乎所有这些“技术方法”均采用这样的原则：因股市上涨

而买入，同时因股市下跌而卖出。这种做法是与其他商业领域的合理经营原则背道而驰的，而且很难在华尔街取得长久的成功。①

随着时间的推移，基本分析信条的坚定信徒们也升级了格雷厄姆早期对技术分析的批评。格雷厄姆最著名的门徒是沃伦·巴菲特，他带上了格雷厄姆的“拳击手套”，继续攻击技术分析人群。他曾写道：“我意识到技术分析并没有什么用处，因为我倒过来看图表并没有得到不同的答案。”伯顿·马尔基尔（Burt Malkiel）在其畅销书籍《漫步华尔街》（*A Random Walk Down Wall Street*）中也赤裸裸地表达了他对技术方法的蔑视，他写道：“图表主义的核心命题是不成立的……”②

人们几乎可以听到基本面分析师们的笑声了。他们认为自己比技术投资者更了解现实情况，因而也更加理性。巴菲特还说过这样一句话：“如果过去的历史对投资重要的话，那么最富有的人就是图书管理员了。”显然，巴菲特认为，只有那些默默无闻、不切实际、翻来覆去倒腾图表的图书管理员才会认为技术分析是合理的信条。基本面分析法的信徒们可能认为，运用幽默和嘲讽能使他们的论点更加博人眼球。

最近，包普斯特集团（Baupost Group）对冲基金的创始人、亿万富翁塞斯·卡拉曼（Seth Klarman）也诋毁了技术分析。他在经典的价值投资大作《安全边际：献给思而后定者的避险型价值投资策略》（*Margin of Safety: Risk-Averse Value Investing Strategies for the Thoughtful Investor*）中

① 本杰明·格雷厄姆：《聪明的投资者》，哈珀（纽约）（New York: Harper）1949年出版。

② 伯顿·马尔基尔（Burt Malkiel）：《漫步华尔街》，W. W. 诺顿公司（纽约）（New York: W. W. Norton & Company）1996年出版，这本书是支持被动投资最有名的畅销书之一，结论是扣掉更高的费率后，主动管理不如被动投资。

阐明了自己的观点：[①]

> 投机者则根据证券价格下一步会上涨还是下跌的预测来买卖证券。他们对价格走向的预测不是基于基本面，而是基于对其他人买卖行为的揣摩……他们买入证券是因为这些证券的市场表现好，反之则卖出……许多投机者试图通过使用技术分析，即以往股票价格的波动曲线，而不是相应企业的价值决定了股票未来的价格。实际上，没有人知道市场下一步将如何走：设法预测只是在浪费时间，而根据这样的预测来进行投资则是投机性的操作……投机者则有可能随着时间的推移而赔本。

这说明，卡拉曼将基本面视为洞察未来股票价格的唯一合理信号。价格行为无规律可循，没有价值，因此预测他人行为的努力都是徒劳的。但卡拉曼并没有止步于此，他进一步否认了任何预测股票价格的系统性方法的效力：

> 一些投资规则应用了技术分析，认为已往股票价格的运行可被用来预测今后的价格走势。其他的规则考虑了投资的基本因素，例如：市盈率、市净率、销售或盈利的增长率、股息率和当前利息水平。尽管为制定这些规则投入了很多精力，但还没有一个规则被证明是有效的。

① 塞斯·卡拉曼：《安全边际》，哈珀柯林斯（纽约）（New York: Harper Collins）1991年出版。

鉴于历史上很多成功的从业者和大量学术研究对技术分析的支持更甚于对基本面或价值投资方法的支持，格雷厄姆、马尔基尔、巴菲特和卡拉曼如此蔑视技术分析可能会让人感到惊讶。然而，这些基本面投资者的观点反映了价值投资界和许多基本面从业者的观点。价值投资信条依然盛行于世。

■ 靠证据说话的投资时代

> 避免极度强烈的意识形态，因为它会毁掉你的思想。
>
> ——查理·芒格（Charlie Munger），
>
> 伯克希尔·哈撒韦公司副主席①

本·格雷厄姆是一位内心非常重视数据的金融经济学家，但他何以对技术分析方法如此不信任呢？他的一些怀疑可能与技术分析和基本面分析的差异有关。在价值投资者看来，尽管存在噪音，但基本面会导致价格发生变化。而在技术投资者看来，价格是先导因素，它甚至可能推动基本面的走势，但基本面并非股票价格走势的核心动力。另外，技术人员的标签也吸引了一大批投资者，这些人的技能差别很大，有苦工，也有卓越人士。投资者的分布更广泛意味着，普通技术人员往往比一般的投资者更主观、更不专业、更缺乏经验。因此，对技术分析的一个批评可能是，投资者在无模式处寻找模式。考虑到我们对人类行为的了解，

① 查理·芒格在南加州大学法学院毕业典礼上的演讲，2007年5月。见网址：www.youtube.com/watch?v=NkLHxMWAZgQ，访问时间为2016年2月28日。

这是一个合理的关切点。

我们把技术分析师和基本面分析师进行对比。基本面分析师按惯例查看财务报表上的具体数据。正的净收入比率、充足的自由现金流量和较低的债务水平均被视为相当客观的衡量财务健康状况的指标。此外，基本面分析师必须花费大量精力进行安全分析：毕竟他要确定企业所有的未来现金流现值，并把它们折现为当前的现值。

因此，可以说基本面分析师有更加缜密、更加严谨的追求，从这个意义上说，他是更可信的。在基本面基础上做出的购买决策似乎比用一块占卜板筛查近来的价格走势图更合理。技术分析师的工作似乎比较简单，因为人们可能合理地认为，价格史是有局限性的、简单化的信号，而基本面分析师却要理解和考虑更广泛、更细致的财务信息。

但最终，努力和经验真的重要吗？退一步说，着眼于长远的主动投资者的使命是击败市场。积极的投资者应该重视解决这一基本问题的科学方法：哪种方法能奏效？显然，沃伦·巴菲特给出的答案是，不考虑技术分析，价值投资能奏效。但斯坦利·德鲁肯米勒（Stanley Druckenmiller）、乔治·索罗斯（George Soros）和保罗·都铎·琼斯（Paul Tudor Jones）都认为技术分析也能发挥作用。越来越多的学术研究都提供了基本面策略（如价值和质量）和技术策略（如动量和趋势跟踪）似乎都有效的证据。[①] 然而，许多教条主义投资者希望确认他们已经相信的

① 见卫斯理·R. 格雷（Wesley R. Gray）和托比亚斯·E. 卡莱尔（Tobias E. Carlisle）:《量化价值投资：人工智能算法驱动的理性投资》（*Quantitative Value: A Practitioner's Guide to Automating Intelligent Investment and Eliminating Behavioral Errors*），约翰威利出版公司（新泽西州霍博肯）2012年出版；见克里斯·盖奇（Chris Geczy）和米哈伊尔·萨莫诺夫（Mikhail Samonov）:《两个世纪的价格收益动量》（*Two Centuries of Price Return Momentum*），《金融分析师期刊》（Financial Analysts Journal），2016年。

东西，并选择性地采用适用其投资信条的研究证据。相比之下，以证据为准绳的投资者会得出这样的结论：基本面分析和技术分析策略都是有效的，因为它们是同一枚硬币的两个面。它们是堂兄弟，拥有这一共同的目标：利用受行为偏差影响的市场参与者的糟糕决策而获益。麻省理工学院具有远见卓识的著名金融经济学家安德鲁在观察了基本面和技术交易者的争论后说道："我们的终极目标是一样的，那就是预测不确定的市场价格，我们应该能够互相学习，取长补短。"

我们的观点：少点信条，多点理性

上述的讨论只是冰山一角，旨在展示与不同投资理念有关的争论。随着人们变得越来越专注于特定的理念，他们的信仰也往往变得更加坚定。因此，虽然无法确认谁是这些辩论中的获胜方，但有一点是可以肯定的：一旦皈依了一种投资信条，"转变"到另一种投资信条的可能性几乎不存在。但为什么这些辩论如此具有争议性呢？为什么价值和动量方法是相互排斥的呢？事实上，科学方法的一个关键特点是保持怀疑的自由，因为如果没有疑问，我们可能就会停止对新思想的探索。我们在第二章中提出，有一个总体框架能让我们理解某些策略奏效的原因，我们把这个框架称为可持续的主动投资框架。我们利用它不是为了确定最佳的投资策略，而是为了确定任何投资策略在未来取得成功的必要条件。

■ 不必担心，本书是关于选股动量的

我们已在序言中讨论了技术分析、基本面分析和心理学的相关内

容。虽简明扼要地讨论了许多话题，却没有提及如何制定动量策略，我们将在接下来的几章里继续探讨这些重要的话题。但我们要先申明：本书是关于选股动量的。为了真正地理解如何制定积极的投资策略，我们要先介绍一些背景知识，以便了解这种策略在将来如何以及为何奏效，这是第二章至第四章要探讨的内容。如果您是高级从业者，我们建议您直接跳到第五章阅读，这样可以了解制定有效的积极动量策略的详情；然而，如果你想理解并成功地运用动量策略，你最好按我们编排的顺序阅读各章节的内容。另外，我们必须强调一点：我们提出的策略并非人人适用的，主要是因为，运用策略需要遵循一定的原则，但更明确的原因是，数学运算说明不了什么问题。从均衡的角度来看，不是每个人都能遵循我们的策略原则，因为我们购买的每一只股票都有交易的另一方——卖方。

提出这一免责申明后，我们概述选股动量的含义。有时候人们会混淆动量策略，我们要在此澄清一些概念。根据测量动量的不同方法，可将动量划分为以下两类：

1. **时间序列动量**：有时被称为绝对动量，根据股票以往的收益率计算，与其他股票的收益无关[①]；

2. **横截面动量**：最初被称为相对动量，直到学者们提出了一个更专

① 见加里·安东纳奇（Gary Antonacci）:《双动量投资:高回报低风险策略》（*Dual Momentum Investing: An Innovative Strategy for Higher Returns with Lower Risk*），麦格劳-希尔公司（纽约）（New York: McGraw-Hill）2014年出版；见托比亚斯·莫斯科维茨（Tobias Moskowitz）、Yao Ooi、拉塞·佩德森（Lasse Pedersen）:《时间序列动量》（*Time Series Momentum*），《金融经济学期刊》（*Journal of Financial Economics*）2012年第104卷，第228—250页。

业的术语。根据股票相对于其他股票的表现来计算①。

举一个简单的例子就能说明二者间的差异。假设股市仅有苹果股和谷歌股这两只股票。12个月前，苹果的股价是25美元，谷歌的股价也是25美元。今天，苹果每股100美元，谷歌每股50美元。

接下来我们计算简单的时间序列动量和横截面动量。

根据时间序列规则，投资人会买入过去12个月中表现为正的股票，卖出表现为负的股票：

- 时间序列动量：买入苹果股和谷歌股，因为两只股票都具有强大的绝对动量。

根据横截面规则，当一只股票过去12月的表现优于股市中的其他股票时，投资人就会购买这只相对强势的股票，并卖出表现相对较差的股票。将横截面动量交易规则应用于上述例子中可知：

- 横截面动量：买入苹果股并卖出谷歌股，因为相对而言，苹果股的表现优于谷歌股。

注意，尽管两只股票的价格都上涨了（从时间序列动量来看，我们

---

① 从实务的角度可参见安德烈亚斯·克列诺（Andreas Clenow）的《股票走势：用对冲基金动量策略击败市场》（*Stocks on the Move: Beating the Market with Hedge Fund Momentum Strategies*），2015年自行出版；从学术讨论的角度可参见纳拉西曼·杰加德什（Narasimhan Jegadeesh）和施瑞丹·泰特曼（Sheridan Titman）的《追涨杀跌的回报：对股市效率的启示》（*Returns to Buying Winners and Selling Losers: Implications for Stock Market Efficiency*），《金融学期刊》（*The Journal of Finance*）1993年第48卷，第65—91页。

买入了两只股票），但苹果股的涨幅高于谷歌股，因此，苹果股具有更强大的动量（意味着从横截面动量来看，应做多苹果股、做空谷歌股）。

人们可以运用这两种动量元素制定动量策略。例如我们可以同时考虑两种动量，并根据时间序列规则和横截面规则进行投资。对上面的例子的解释就是，我们会做多苹果股，因为时间序列规则和横截面规则均表明应买入苹果股，但我们无法对谷歌股持明确的立场，因为根据其中的一个规则（横截面动量），我们应该抛售它。①

如上所述，我们可运用不同形式的动量来制定选股策略。我们想要强调的是，选择市场时机和资产类别时通常会运用时间序列动量和横截面动量。我们要说明的是，本书的关注点不是市场时机或资产类别的选择，而是如何在个股选择背景下运用不同的动量元素。本书是关于选股的书，而不是关于资产配置的。

■ 小结

我们在本章概述了技术分析和基本面分析投资者之间长期以来的争论。许多读者对这两种信条都非常熟悉，而且每个阵营中都有狂热分子。许多时候，有关技术分析和基本面分析投资策略的辩论并非真正意义上的辩论，而是沦为了吵架比赛。我们想终止这样的吵嚷，想开启严谨的研究。为了避免空洞无物的吵嚷，我们将在下一章介绍可持续的主动投资框架。这一框架将帮助我们更好地理解，在不考虑教条的情况下，某

① 参见安东纳奇的《双动量投资》一书，该书讨论了资产配置背景下的双重动量，提出了在投资系统中兼用这两种动量的思想，这与我们的个人选股背景不同。

些策略有效而某些策略无效的原因。通过这个框架，我们能形成可检验的假设并开展建设性的讨论。我们的框架绝不是完美的，但我们会尽最大努力将相关的争论置于这一框架之中。因为，老实说，主动投资的使命不是争论哪种投资理念更好，谁在乎这一点呢，我们只是想在长期击败市场！还要重申一点，如果你是一位高级从业者，并且想知道我们提出的选股动量策略的详情，请您直接跳至第五章阅读。

第二章　主动投资策略为何能奏效

> 最糟糕的事情莫过于变得跟别人一样。
>
> ——阿诺德·施瓦辛格（Arnold Schwarzenegger）

有关主动投资和被动投资哪个更好的争论与其他经典的冲突类似，就如同争论费城老鹰队（Philadelphia Eagles）和达拉斯牛仔队（Dallas Cowboys）哪个更好、可口可乐和百事可乐那个更好一样。总之，一旦我们确立了对某一种风格的偏好，它就会在我们的头脑里扎根。心理学研究中将这种现象称为“确认偏差”（confirmation bias），有此类偏差的人喜欢能支持他们结论的证据，同时忽略否认他们结论的证据。

我们无意将一位消极的投资者转变为积极的投资者，但我们相信，考虑到某些特征，一些主动投资策略的逻辑可能在长期内优于其他投资策略，我们解释了其中的原因。换句话说，促使本间宗久、杰西·利弗莫尔和本·格雷厄姆成功的因素是什么？这三位积极的投资者奉行的可是截然不同的投资理念。也许他们只是运气好，但我们认为可能还有别的因素发挥了作用。

似乎所有方法背后的关键主题都是利用非理性投资行为，但是，如果对行为的了解是制胜法宝的话，那么运营资本市场的为什么不是心理学家呢？抑或是本间宗久、利弗莫尔和格雷厄姆比其他人更聪明？更聪明似乎也不是正确答案，因为智商最高的投资者并没有控制市场。最有名的例子当属艾萨克·牛顿爵士了，他是发展了现代物理学的天才。18世纪早期，这位伟大的物理学家和数学家因购买南海公司（South Sea Company）的股票而赔得惨不忍睹。

迄今为止，对积极的投资者是如何击败市场的这一问题，似乎并没有一个令人信服的解释。聪明、了解行为偏差或者召集了一支博士队伍收集数据都只能解释部分原因。即使有这些工具在手，一位积极的投资者仍然是满是鲨鱼的水池中的一条鲨鱼而已。所有的鲨鱼都很聪明，都知道如何分析一家公司，都知道如何查看和解读财务报表。在鲨鱼出没的水域中保持优势是了不起的成就，只有少数投资者能一直保持优势。那么让他们保持优势的因素是什么呢？我们仍然不确定，这是我们一直在探索和学习的问题。我们能给出的最佳的解释是，有两个因素推动主动投资者获得了持久的成功，它们是：

- 对人类心理的敏锐理解；
- 对“聪明钱”（smart money）激励的透彻把握。

■ 深入虎穴

卫斯于2002年进入芝加哥大学攻读金融学博士学位。这是一段痛苦却极具启发性的经历，也是他迈向高级金融世界的起点。芝加哥大学金融系历来尊崇和维护有效市场假说（Efficient Market Hypothesis，EMH）。在这里攻读博士学位的学生们非常不易，他们要在头两年里紧张地学习研究生金融课程，其中有许多技术性很高的数学和统计学课程，在之后的2~4年时间里专门从事论文的研究工作。卫斯对当时情形的最佳描述是：血汗工厂遇到了国际数学竞赛。总而言之一句话，整个过程过得异常辛苦。

完成头两年的辛苦学习之后，卫斯需要休息一下。他采取了一种独特的“休假”法：加入美国海军陆战队服役四年。长话短说就是，他想去服役，想借此历练一番。2008年服役期满后又重启了他的博士学业，去芝加哥大学撰写他的博士学位论文。在海军服役期间，他学到了很多，其中最重要的一个经验是“大胆行动”。[①] 那么，在芝加哥大学能做的最大胆的行动是什么呢？

集中精力开展质疑有效市场假说的研究。

无效市场的标新立异者：价值投资者

卫斯想确认基本面投资者或者说“价值”投资者能否击败市场。他曾在自己的账户中严格地运用价值投资策略长达10年以上的时间。他是

① 卫斯理·格雷：《内嵌：伊拉克军队内的海军陆战队顾问》（*Embedded: A Marine Corps Advisor Inside the Iraqi Army*），美国海军学院出版社（安那波利斯市，Annapolis）2008年出版。

本·格雷厄姆的坚定信徒，信奉重视基本面的价值投资信条（他仍然将技术交易思想视为异端）。积极的价值投资能够击败市场的故事很吸引人，但学术界的许多言论以及在顶级学术刊物上发表的研究表明的却是另一种观点。

尤金·法玛（Eugene Fama）和肯·弗伦奇（Ken French）发表了高引用论文《预期股票收益的横截面》（*The Cross-Section of Expected Stock Returns*）[①]后，有关价值投资的争论再度热烈了起来。这篇论文引发的争论主题是，所谓的价值溢价或者说廉价股和高价股之间历史收益的巨大差异是否由额外风险或错误定价所导致。也就是说，价值股的超额收益是因股东承担了额外的经济风险而获得的回报还是因这些股票被错误地定价而获得的回报？在尤金·法玛和肯·弗伦奇看来，答案是明显的：当市场有效时，价值溢价必定归因于较高的风险。在酷爱本·格雷厄姆的卫斯看来，价值溢价的风险论点似乎不着边际。格雷厄姆和他的信徒沃伦·巴菲特都是因长期购买廉价股而纵横股市、闻名天下的。他们的主张是，代表大盘的“市场先生”（Mr. Market）是具有严重心理问题的躁狂抑郁症患者：他有时会以低于基本价值的价格提供股票（如2008年的金融危机的低谷时期），有时会以高于基本价值的价格提供股票（如20世纪90年代末的互联网泡沫时期）。当价值投资者购买了低价股时，市场先生最终会认可的。但当这些价值投资者购买的股票具有高收益时，这不是因为他们比市场先生更聪明，而是因为他们承担了更多的风险并得到了幸运女神的眷顾吗？这个问题促使卫斯开始了他的钻研。

---

① 尤金·法玛和肯·弗伦奇：《预期股票收益的横截面》，《金融学期刊》1992年第47卷，第427—465页。

卫斯开始搜集由顶级基金专家、资产经理和价值投资爱好者向乔尔·格林布拉特（Joel Greenblatt）的价值投资者俱乐部网站（ValueInvestorsClub.com）提交的近4000份投资精华数据。这个网站的筛选标准很严格，对成员的素质要求比较高，被视为市场创意最佳的网站之一。在价值投资领域，其成员都是大亨级人物。

历经一年的辛劳之后，卫斯将所有成员的股票建议汇总成了一个数据库，这样他能够进行深入细致的分析。他的分析结果是非常令人瞩目的：有强有力的证据表明，这些“有代表性的价值投资者”展现出了非凡的选股技巧。①

卫斯很兴奋，想把自己的新发现与人分享，因此急切地撰写了一篇论文。在这篇论文的摘要末尾，他写道：

> 对买入—持有超额收益和日历时间投资组合进行回归分析后，我得出的结论是：价值投资者具有选股技巧。

卫斯对他的研究很满意，并将论文初稿发送给了他的导师尤金·法玛博士。尤金博士被许多人称为“现代金融之父”，而且与有效市场假说（EMH）有着密切的联系。法玛博士于2013年荣获诺贝尔经济学奖，是EMH的坚定支持者，也许是最坚定的支持者。法玛博士亲自审读了卫斯的论文（由此可断定卫斯的论文初稿得到了严格的审阅）。卫斯得到了不

① 斯蒂文·克劳福德（Steven S. Crawford）、卫斯理·格雷和安德鲁·克恩（Andrew E. Kern）:《为什么资金管理人会确认和分享盈利的想法》（*Why Do Fund Managers Identify and Share Profitable Ideas*），《金融和定量分析期刊》（*Journal of Financial and Quantitative Analysis*）即将刊出。

太理想的回复：

“你的结论肯定是错误的……”

卫斯马上起身走向法玛博士的办公室，因为他想问明一些问题。卫斯最怕自己一年的心血付诸东流。他的证据似乎很可靠，难道法玛博士是个教条主义者？他必须弄清楚法玛博士为何不同意自己的观点。他全身冒着冷汗，怀着拿不到博士学位的担忧，来向世界上最负盛名的金融经济学家请教。法玛回应说，论文中的数据和分析都很可靠，但卫斯不能说价值投资者具有选股技巧。法玛博士治学严谨，一贯重视细节，他坚持认为卫斯应该在摘要的结尾处增加两个字以提高摘要的质量，这两个字就是“样本”，也就是说，将摘要的最后一句话由“价值投资者具有选股技巧”改变为“样本价值投资者具有选股技巧”。

听完法玛博士的解释后卫斯松了口气，悬着的心放了下来。他一屁股坐到了凳子上，不由地想起了儿时妈妈对自己的教导：用词很重要。结果并不奇怪，杰出的法玛博士是正确的：卫斯的发现并不意味着所有的价值投资者都具备选股技巧，只能说明他研究的样本投资者具备，二者间存在微妙却非常重要的差异。卫斯的危机解除了。

卫斯于第二年顺利毕业。他的研究证实，至少在他（非法玛博士）看来，市场并不是完全有效的，价值投资者具有优势。此后不久，卫斯成了德雷克斯大学的金融学教授并遇到了还在攻读金融学专业博士学位的杰克·沃格尔（Jack Vogel）。杰克当时正打算出版他的博士学位论文，他论文的结论之一是，价值股的超额收益可能是由错误定价而非额外的风险驱动的。

但恼人的问题还有很多：什么因素使某个投资者具有了“优势”？什么特征推动了阿尔法系数（α）？为什么积极的投资者（赢家）能系统地从其他投资者（输家）那里挣到钱？

进入行为金融学领域

> 行为金融学的研究领域有两大块：其一是有限套利……其二是心理学。
>
> ——尼古拉斯·巴伯瑞斯和理查德·泰勒[①]

卫斯艰难地分析了数以千计的选股建议后大有收获，其中的一个关键发现是，股票分析师们都很优秀。总体来看，他们使用了选股技巧。他们都很聪明，做出了令人信服的投资，从统计结果来看，这些投资案例的表现优越。但杰克的论文研究也发现，利用计算机购买基本面指标强势的普通廉价股得到的结果与卫斯在其论文中所调查的基本面股票选择者得到的结果一样好。无论是靠人还是靠计算机选股，价值投资都击败了市场，但原因是什么呢？

如前所述，市场上有很多聪明、能干的人——智力本身并不能成为优越回报的驱动力。那么是什么因素使价值投资者买低卖高呢？为什么

① 尼古拉斯·巴伯瑞斯（Nicholas Barberis）和理查德·泰勒（Richard Thaler）:《行为金融学调查》（*A Survey of Behavioral Finance*），载于G. M. 康斯坦丁尼德思（Constantinides）和M. 哈里斯（Harris）和R. M. 斯图尔兹（Stulz）编辑的《金融经济学手册》（*Handbook of the Economics of Finance*）第一版，爱思唯尔出版社（Elsevier）2003年出版，第18章，第1053—1128页。

有效市场假说不能阻止他们这么做呢？

约翰·梅纳德·凯恩斯（John Maynard Keynes）是20世纪早期做出开创性贡献的经济学家，他曾在多年的时间里从事专业的投资，因此可能知道上述问题的答案。凯恩斯是金融市场的精明观察者，同时也是一位成功的投资者，但他也曾经历过投资的艰难时期。他利用保证金交易在外汇市场上投机时，曾一度赔了个精光（尽管他在其他领域的投资非常成功）。他的此次惨败经历使他总结出了有史以来最伟大的一句投资咒语：[①]

"市场保持非理性状态的时间可能比你保持不破产的时间更长。"

凯恩斯的这句话凸显了有效市场假说没有考虑到的现实世界的两个关键要素：投资者可能是非理性的；利用市场的错误定价或套利是有风险的。我们可以用学术语言详细地阐述凯恩斯的这句话：首先，"……比你保持不破产的时间更长"说明套利有风险，学界称之为"有限套利"；其次，"市场保持非理性状态……"与投资者心理有关，而心理是专业心理学家的研究对象。这两个要素，即有限套利和投资者心理，是所谓的行为金融学的基石（如图2.1所示）。

---

① 尽管很多人认为这句话是凯恩斯说的，但鲜有证据证明这一点。见贾森·兹韦格（Jason Zweig）:《凯恩斯说没说过这样的话？》（*Keynes: He Didn't Say Half of What He Said. Or Did He?*），载于《华尔街日报》（*Wall Street Journal*），2011年2月11日。见网址：blogs.wsj.com/marketbeat/2011/02/11/keynes-he-didnt-say-half-of-what-he-said-or-did-he/,accessed 2/28/2016。

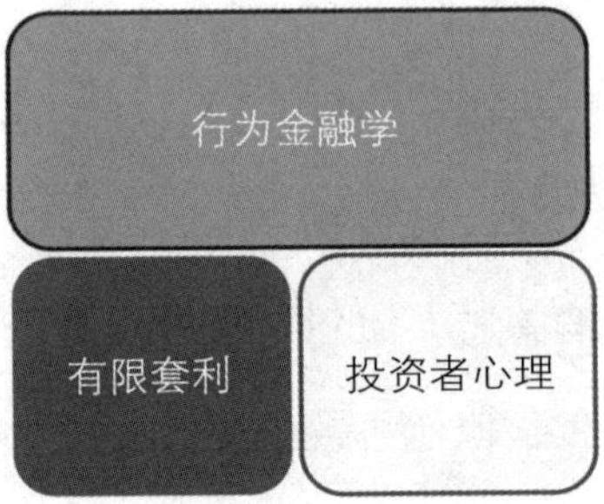

图2.1 行为金融学的两大支柱

有限套利 有效市场假说预言，价格反映了基本价值。为什么呢？聪明的投资者是贪婪的，市场上的任何错误定价都是快速获利的机会。按此逻辑，价格错位是短暂的，因为它们马上会被众所周知的“精明投资者”（聪明钱）所纠正。在现实世界中，真正的套利机会——扣除所有可能的成本之后以零风险获得利润——很少存在。大多数“套利”实际上是风险套利，都涉及理论定价模型中不存在的某种成本。我们举一个橘子市场中利用错误定价机会的简单例子。基本假设如下所示：

- 佛罗里达州的橘子售价为1美元/个。
- 加利福尼亚州的橘子售价为2美元/个。
- 橘子的基本价值是1美元。

有效市场假说认为，套利者将在佛罗里达州采购橘子，并立即在加利福尼亚出售，直到加州的橘子售价达到其基本价值1美元为止。上述行为在真空中是套利行为，然而，进行这种套利活动存在明显的成本。例如，若将橘子从佛罗里达运到加利福尼亚的成本是1美元时会怎样？按1

美元的基本价值确定价格肯定是不正确的，天下没有免费的午餐，运输成本就是套利的限制因素。精明的套利者会被阻止利用套利机会（这里的阻碍因素是“摩擦性”的运输成本）。

投资者心理 简单来说，人不能在任何时候都保持理性。在不系安全带就开车的人或定了闹钟才敢小睡的人看来，这一点是显而易见的。顶尖心理学家撰写的文献为否认这一点的人提供了极具说服力的理由。获得诺贝尔经济学奖的心理学家、《纽约时报》畅销书《思考：快与慢》（*Thinking, Fast and Slow*）的作者丹尼尔·卡尼曼（Daniel Kahneman）讲述了两种思考模式（即系统1和系统2[①]）的故事。系统1是“快速思考、在丛林中生存”的人脑部分，“一朝被蛇咬，十年怕井绳”就是因系统1的缘故。系统2是大脑中负责分析和计算的部分，它运行缓慢，但总是理性的。当我们比较抵押贷款的成本和收益时，我们可能使用系统2。

系统1使我们在危机四伏的世界里保持生存；系统2帮助我们为获得长期收益做出合理决策，两者各司其职。然而，有时一个系统可能会影响另一个系统。当系统1开始做出系统2的决策时，我们就会遇到很多麻烦。下面这些情形听起来熟悉吗？

- “那只钻石手镯太漂亮了，我一定要买下它。”
- “晚餐甜点是免费的，我当然要吃一些了。”
- “房价似乎从未下跌过，我们必须买房。”

不幸的是，系统1的高效导致了一些弊端，能让我们在丛林中生存下

① 丹尼尔·卡尼曼：《思考：快与慢》，纽约：Farrar, Straus and Giroux出版社2011年出版。

来的因素并不一定能将我们从金融市场中拯救出来。

现在，我们将非理性投资者（系统1类型）与前面讨论过的有限套利或市场摩擦结合起来讨论。我们面临的情形是，由于某些原因，聪明的投资者无法利用系统1类型的优势。将糟糕的投资者行为与聪明人遇到的摩擦相结合，能够为特别的投资者创造出诱人的投资机会。

例如，"噪音交易者"（noise traders），即忽视基本面、凭"直觉"进行交易的日内交易者，就是典型的系统1类型思维者。这些不理性的噪音交易者会使价格脱离基本面，但由于他们是非理性的，套利者很难确定非理性交易的时间和持续期。这样，回到"市场保持非理性状态的时间可能比你保持不破产的时间更长"这一理念，当套利者试图利用噪音交易者时，风险就会产生。那么，噪音交易者现在不理性，明天可能变得更不理性吗？布拉德·德龙（Brad DeLong）、拉里·萨默斯（Larry Summers）和罗伯特·瓦尔德曼（Robert Waldmann）在1990年的《政治经济学期刊》（*Journal of Political Economy*）上发表的《金融市场中的噪音交易者风险》（*Noise Trader Risk in Financial Markets*）一文中描述了这种现象。①

下文是从该文中摘录出的一段：

> 噪音交易者信念的不可预测性产生了资产价格风险，阻碍了理性套利者对其进行积极的投注。因此，即使不存在基本风险，价格也可能与基本价值存在显著的差异……

① 布拉德·德龙、拉里·萨默斯和罗伯特·瓦尔德曼：《金融市场中的噪音交易者风险》，《政治经济学期刊》1990年第98卷，第703—738页。

说得直白点就是：日内交易者搅乱了价格，尽管这些人是白痴，但你不知道他们白痴的程度，你也无法测定白痴实施投资策略的时间，所以大多数聪明人甚至不打算利用他们。因此，由于没有人阻止这些白痴（风险太大），价格会大幅偏离价值。另外，由于价格大幅偏离价值，收益可能更高，所以一些幸运的白痴可能会认为他们善于把握市场交易时机，这激励了更多的白痴做更愚蠢的事情。不良行为和市场摩擦的这种结合描绘出了行为金融的全部内容：行为偏差+市场摩擦=错误定价的资产。

行为金融的这一定义看似简单，围绕行为金融的争论却远未得到解决。一方面，有效市场的坚定捍卫者声称行为金融是异端，是专供那些迷失方向和偏离“真理”的经济学家所用的。他们认为，价格总是反映基本价值的。有效市场派的一些人指出，积极的管理者无法击败市场，因此错误地认为价格始终是有效的。另一方面，一些从业者认为，由于能利用具有行为偏差的投资者，他们具有优势。然而，做出这种声明的从业者的表现通常很糟糕。①

那么，哪里出现断层了呢？

断层在于这一事实：争论的双方没有同时评估错误定价的机会和套利的限制因素。有效市场假说的信徒正确地认识到，从业者通常会败给市场，但没有考虑到套利的限制性，这意味着价格可能偏离基本面，但对积极的管理者而言仍然没有利润。从业者承认错误定价的可能性，但他们忽视了套利的限制，后者使得利用错误定价的机会成本过高而无

① 拉里·斯维卓（Larry Swedroe）：《行为金融达不到目标》（*Behavioral Finance Falls Short*），2015年4月24日，见网址：ETF.com.www.etf.com/sections/index-investor-corner/swedroe-behavioral-finance-falls-short?nopaging=1，访问时间为2016年2月28日。

法获利。换句话说，行为金融为所有人的问题提供了一个可能的答案，它可以解释出现无效的市场价格的原因和大多数积极的管理者无法击败市场的原因。①

■ 优秀的投资者就如同优秀的纸牌玩家

行为金融为如何成为一名成功的主动投资者提供了如下框架：

1. 确认行为偏差推动价格偏离基本价值的市场情况（即识别市场机会）。
2. 确认最聪明的市场参与者的行为/激励机制，并了解他们的套利成本。
3. 找出定价较高且对大部分套利资本而言套利成本较高但对积极的投资者而言套利成本较低的情况。

可将上述框架想象为一名纸牌玩家正在寻找稳赢的纸牌游戏机会。玩牌时，选定合适的牌桌对成功至关重要：

1. 了解牌桌上牌技烂的玩家（机会较高）;
2. 了解牌桌上稳赢的实力玩家（机会较低）;
3. 找一张牌技烂的玩家多且牌技高的玩家少的桌子。

---

① 见巴伯瑞斯和泰勒的《行为金融学调查》。当然，比尔·夏普（Bill Sharpe）有关积极管理算法的观点也有助于解释积极的管理者通常无法击败市场的原因。

根据上述玩纸牌的比喻，图2.2中列出了市场上积极的投资者必须提出的问题：

1. 谁是牌桌上牌技最烂的玩家？
2. 谁是牌桌上牌技最棒的玩家？

要想长期获得成功，积极的投资者要善于识别拙劣的投资者创造的市场机会，而且要善于识别精明的市场参与者因套利成本过高而不能或不愿开展行动的情形。

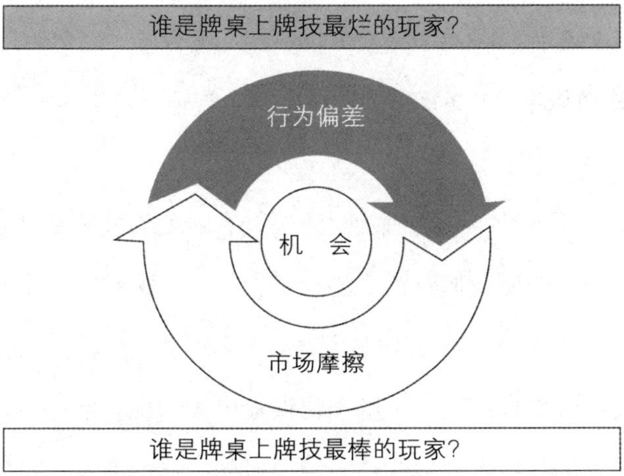

图2.2 确认市场上的机会

了解牌技最烂的玩家

所有人都受行为偏差的影响，而且在压力之下，这些偏差会被放大。毕竟，我们都只是凡人而已。

以下是可能影响金融投资决策的各种行为偏差：

- 过度自信（“我以前就是这样的……”）
- 乐观（“股市总是上涨”）
- 自我归因偏差（“我称之为股价上涨……”）
- 禀赋效应（“我与这位经理已经合作了25年，他很优秀”）
- 锚定（“去年股市上涨了50%，我认为今年的涨幅在45%至55%之间”）
- 可得性（“你看到上个季度的糟糕结果了吗，这只股票的表现太差劲了”）
- 框定（“你更喜欢以99%的概率兑现承诺收益率的债券还是更喜欢违约概率为1%的债券”？提示：它是同一只债券）

心理学的研究结论是明确的：人类是有缺陷的决策制定者，特别是面临压力时。但即使我们对糟糕的投资者行为了然于胸，也不必然意味着存在可利用的市场机会。如前所述，在我们意识到这样的机会之前，其他聪明的投资者肯定已经了解了错误定价的情况。他们会马上利用由行为偏差的市场参与者导致的错误定价机会，从而消除了我们利用该机会获利的可能性。我们想避免竞争，但要避免竞争，我们得先了解竞争。

了解牌技最佳的玩家

在金融市场背景下，最出色的纸牌玩家往往是管理着庞大规模资金的投资者。这些市场参与者的典型例子是拥有大牌经理或者庞大基金组合的大型机构所管理的对冲基金。这些投资者可利用的资源多而广，在市场上罕逢对手。庆幸的是，压倒性的力量并非杀死巨人的唯一武器。人们也可能战胜这些巨人，因为许多顶尖玩家受到了不当经济激励的束缚。

在深入探讨这些精明的玩家面对的激励机制之前，我们先回顾一下套利的概念。教科书中的套利指的是，通过利用代表同一证券的不同工具的错误定价（回顾我们之前提及的橘子例子）产生无风险利润的无成本投资。但实际上，套利是有成本和风险的，因此，套利的有效性是有限的。有大量的证据证明了套利的限制性，如：

基本风险 套利者可能发现了一种证券的错误定价问题，但这种证券没有能够实现无风险套利的完美替代品。如果一则坏消息影响了套利涉及的替代证券，套利者可能遭受意外的损失。一个例子是福特和通用汽车，尽管它们的股票类似，但它们不属于同一家公司。

噪音交易者风险 一旦持仓，噪音交易者可能会推动价格远离基本价值，套利者可能被迫投入额外的资本，但他可能没有可利用的资本，这迫使套利者早日平仓。

实施成本 尽管由于"卖空返还"的成本（借入待做空的股票的成本）比较高，投资者在套利过程中还是经常会做空。某些情况下，这样的借入成本可能超过了潜在的利润。例如，当卖空返还率为10%而预期的套利利润为9%时，投资者无法从错误的定价中获利。

上述三种市场摩擦很重要，可能还存在其他类型的摩擦，但对大多数聪明的玩家而言，最大的风险是他们必须权衡长期的预期表现和职业风险。对此的一种解释是，套利过程中存在的最大的问题是，聪明的资金管理人面临着短期表现评估的限制。考虑一下跟踪误差产生的压力或者收益偏离标准基准的趋势。假定专业的投资者得到了这样一份工作：将10万名消防员的养老金进行投资，他可以选择投资策略。备选方案有：

- 策略A：投资者知道（通过神奇的手段），该策略在25年内的年均收益率比大盘高1%，但他也知道，该策略在某一年内的收益率绝对不会比大盘低1%；
- 策略B：投资者知道（再次通过某种神奇的手段），该策略在25年内的年均收益率会高出大盘5%。值得注意的是，投资者也知道，在5年的时间内，该策略的收益率会低于大盘5%。

投资专业人士会选择哪种策略呢？如果他们受这10万名消防员的雇佣，那么他们的选择往往是显而易见的：选择策略A，避免被解雇。这样的选择对投资者而言是次优的。

为什么选择策略A呢？相对于策略B而言，A策略是糟糕的长期策略。投资经理们的激励非常复杂。资金管理人不是资本的所有者，而是代表资本所有者行事的。如果愿意的话，你可称他们为金融雇佣兵。有时候，这些管理人做出的决策能够提高他们保住饭碗的概率，但不一定能最大化投资者风险调整后的收益。对这些管理人而言，相对表现就是一切，跟踪误差是危险的。在上面的例子中，策略B的跟踪误差太难以消化了。5年时间的糟糕表现会让那些消防员骂娘的，资金管理人不会有机会看到5年之后的表现反弹了。但若遵循策略A的话，他们能够避免职业风险，而且消防员的养老金也不用承受长时间收益低迷的压力。

在较长的时间内，错误定价的机会可能很多，理论上你可以利用这些机会，但代理问题，即资本所有者在短期内可能开始怀疑套利者的能力并抽回他们的资本，使得聪明的资产管理人无法利用这些极易生变的长期错误定价机会。

短期跟踪误差的威胁是非常现实的。以肯·希伯纳（Ken Heebner）的CGM焦点基金（CGM Focus Fund）①为例说明。刊载于《华尔街日报》上的一篇文章揭示了肯管理的基金的表现：

> “肯·希伯纳管理的CGM焦点基金每年的增长率超过了18%，比排名紧随其后的竞争对手高出了3个百分点。”

接下来，《华尔街日报》列出了肯的基金投资者的表现状况：

> “太差劲的投资者并不能享受这些收益，截止到11月30日的过去10年中，普通的CGM焦点基金股东每年的损失率为11%。”

肯管理的基金的复合年增长率为18%，而基金的投资者每年却损失11%，这反映出的问题是，普通的投资者不能有效测定肯买入和卖出基金的时间（见图2.3）②。当肯的基金表现不佳时（可能性很高），他们抽

① E. 莱斯（Laise）:《10年内的最佳股票基金：CGM焦点基金》(*Best Stock Fund of the Decade: CGM Focus*)，载于2009年12月31日的《华尔街日报》，见网址：www.wsj.com/articles/SB10001424052748704876804574628561609012716，访问时间为2015年12月29日。

② 货币加权收益率和长期持有收益率之间的一些差异可能是CGM焦点基金的返还序列导致的。见迈克尔·基茨（Michael Kitces）2012年10月3日发表的文章《该研究是否严重夸大了行为差距》(Does the Study Grossly Overstate the Behavior Gap)，更多信息请登录网址：https://www.kitces.com/blog/does-the-dalbar-study-grossly-overstate-the-behavior-gap-guest-post/，访问时间为2016年2月28日。

回资本；当肯的基金表现出色（可能性很低）时，他们投入更多的资金。从基金表现数据来看，肯似乎是个天才，但很少有投资者能真正地从他的投资能力中获益，这是双输的情形。

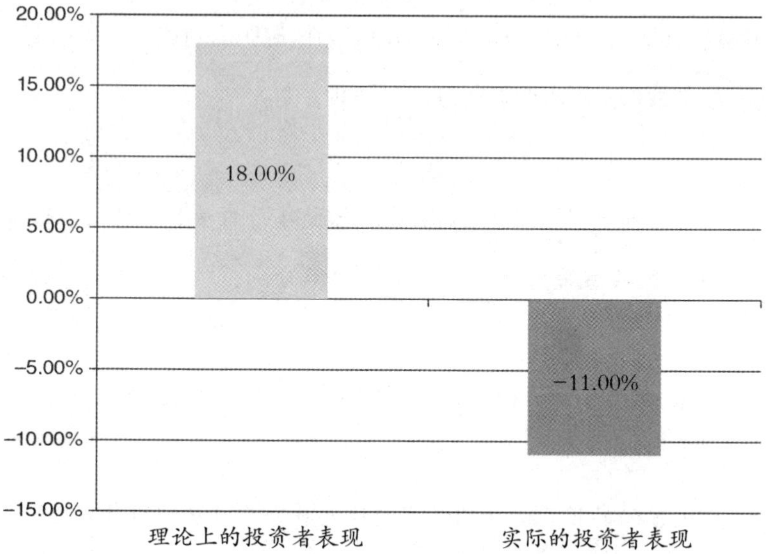

图2.3　1999—2009年的CGM焦点基金

肯·希伯纳的经历凸显了资产管理人的利益冲突问题。安德烈·施莱弗（Andrei Shleife）和罗伯特·维什尼（Robert Vishny）在1997年的《金融学期刊》（*Journal of Finance*）上发表的一篇很具启发性的论文中探讨了这一问题，他们称其为“有限套利”。[①] 肯·希伯纳的经验和施莱弗、维什尼的研究给我们的启示是：当投资者关注短期表现时，聪明的管理人会避免利用长期的市场机会。

① 安德烈·施莱弗和罗伯特·维什尼：《有限套利》，《金融学期刊》1997年第52卷，第35—55页。

你能责怪资产管理人吗？当资产管理人的职业生涯取决于1个月、1年甚至5年的相对表现时，他们肯定更在乎短期的相对表现而不是长期的风险调整后期望收益。无论他们是积极地保住自己的饭碗还是在客户的压力下注重短期指标，最终的结果都是一样的。基金投资者会遭受损失，价格并不总是有效的。

积极管理长期成功的关键

> 聪明人很多……，所以要胜出并不容易。
>
> ——查理·芒格，伯克希尔·哈撒韦公司副主席[①]

我们已概述了一些市场要素。首先，一些投资者可能做出糟糕的投资决策；其次，一些管理人因激励措施而无法利用真正的市场机会。我们将这些元素用一个简单的、可持续的长期表现等式表达出来，结果如图2.4所示。

图2.4 长期表现等式

① 查理·芒格在2005年5月4日召开的西科金融年会（Wesco Financial Annual Meeting）上的讲话。根据惠特尼·蒂尔森的笔记整理。见网址：www.tilsonfunds.com/wscmtg05notes.pdf, accessed2/28/2016。

长期表现等式的两个核心元素为：

- 可持续的α
- 可持续的投资者

可持续α代表的是一个积极的选股程序，它系统地利用了市场中的行为偏差导致的错误定价（即发现牌技最差的纸牌玩家）。为了使这一“优势”具有可持续性，它在长期内不能因套利交易而消失。通常情况下，可持续的优势要靠特定的策略驱动，这样的策略要关注长期，而且为了取得长期成功，要对短期表现漠不关心。这一要求使我们得到了长期表现等式的第二个要素：可持续的投资者。可持续的投资者不能受短期表现不佳警示的影响。当他们陷入了短期主义困境时，他们就成了不可持续的投资者，这将极大地提高他们所委托的资产管理人的套利成本，从而阻止投资者利用错误定价机会获利。

根据这一等式，如果能够确定一个具有既定优势（即可持续α）且需要长期严守纪律才能利用（即需要可持续投资者）这一优势的程序，那么它就有可能是一个能随时间跑赢大盘的、前景看好的长期投资模式。

从理论走向实践 以上概述了成功的主动投资的理论框架，并没有讨论价值投资策略是否优于成长投资策略或者高频交易优于猪肚期货（pork belly futures）投资。然而，我们很容易确定获得可持续表现需要做的基础性工作：

- 确定能够利用拙劣玩家的可持续α程序；

- 了解优秀玩家的局限性；
- 为利用市场机会匹配良好的程序与可持续资本。

为了增强说服力，我们用一个例子来解释如何将上述构想运用于“价值对成长”的争论中，后者是大多数读者都熟悉的论题。为了简化阐述并符合学术研究惯例，我们将以低于某些基本指标（如较高的账面市值比或B/M比）的价格购买公司投资组合的做法称为价值投资。而成长型投资正好相反，指的是以高于基本价值的价格购买投资组合，同时预计基本价格会快速上涨的做法。我们运用肯·弗伦奇（Ken French）的数据[①]研究了1927年1月1日至2014年12月31日期间的价值股组合（由B/M排名前10%的股票组成，按市值加权法构建）、成长股组合（由B/M排名后10%的股票组成，按市值加权法构建）和标准普尔500总回报指数。结果如表2.1所示。所有的收益都是总回报，包括回报（如股息）的再投资。结果为包含各种费用的总额。

历史证据很明确：1927年至2014年，价值股的收益高于成长股，而且优势幅度很大。价值股组合的复合年均增长率为12.41%，而成长股组合的复合年均增长率仅为8.70%，年表现相差约4个百分点。随着时间的推移，这种回报的历史差异不断出现且得到了持续的观测，学术研究人员称其为价值异象（value anomaly）。当然，学者们争论的是差距大的原因（如前所述，由于风险更高或错误定价存在，价值投资可能会获得更高的收益）。2008年对尤金·法玛的一次采访堪称这一争论的缩影。在这次

① 见网址：mba.tuck.dartmouth.edu/pages/faculty/ken.french/data_library.htm，访问时间为2015年12月30日。

采访中，法玛谈到了与安德烈·施莱弗边喝葡萄酒边讨论该问题的情形。①法玛指出，安德烈认为价值溢价是由于错误定价造成的，而法玛将价值溢价归因于较高的风险。尽管两位经济学家对差距原因的解释持不同意见，但他们都没有质疑这一事实：随着时间的推移，价值股的表现优于成长股。

表2.1 价值股与成长股（1927—2014年）

	价值股	成长股	标普500
CAGR（复合年均增长率）	12.41%	8.70%	9.95%
标准差	31.92%	19.95%	19.09%
下行偏差	21.34%	14.41%	14.22%
夏普比率	0.41	0.35	0.41
索提诺比率（MAR= 5%）	0.54	0.37	0.45
最大回撤率	−91.67%	−85.01%	−84.59%
最差月收益	−43.98%	−30.65%	−28.73%
最佳月收益	98.65%	42.16%	41.65%
盈利月占比	60.51%	59.09%	61.74%

我们有事实依据。下一步：确认拙劣的玩家 数据表明，价值投资的期望收益高于成长投资，但为了进一步了解价值投资能否在未来超越成长投资，我们需要仔细审视可持续的主动投资，确定收益差异是因风险（以有效市场进行解释）还是错误定价（以行为金融进行解释）导致的。

① 2008年对尤金·法玛的采访。美国金融协会，见网址：www.afajof.org/details/video/2870921/Eugene-Fama-Interview.html, accessed 12/29/2015。

要获得可靠的错误定价论据，我们先要确认，是否有市场参与者在购买价值股和成长股时做出了系统性的糟糕决策。

拉科尼修克（Lakonishok）、施莱弗和维什尼（LSV）在《逆向投资、外推法和风险》（*Contrarian Investment, Extrapolation, and Risk*）[①]一文中探讨了这一问题。LSV假设投资者受选择性偏差（representative bias）的影响，即投资者天真地以过去的增长率推断遥远未来的收益。图2.5运用迪舟（Dechow）和斯罗恩（Sloan）发表的《逆向投资策略的收益：对天真预期假说的检验》（*Returns to Contrarian Investment Strategies: Tests of Naive Expectations Hypothesis*）一文中的更新数据，展示了LSV论文中的观点。[②]

横轴表示的是廉价性以及从左至右根据贵（净值市价比低）贱（净值市价比高）对证券的桶排序。纵轴表示的是过去5年相应估价桶的收益增长率。第10桶中的股票是最便宜的，它们在过去5年里的年化收益增长率为负的1%。

二者间的关系几乎是完全线性的。廉价股的收益增长率都很低，而高价股过去5年间的收益增长率都很高。这本没什么令人称奇之处，但数据对这种关系的拟合程度之高让人觉得颇有意思。

---

① 约瑟夫·拉科尼修克、安德烈·施莱弗和罗伯特·维什尼：《逆向投资、外推法和风险》，《金融学期刊》（The Journal of Finance）1994年第49卷第5期，第1541—1578页。

② 帕特里夏·M. 迪舟（Patricia M. Dechow）和里沙德·G. 斯罗恩（Rishard. Sloan）：《逆向投资策略的收益：对天真预期假说的检验》，《金融经济学期刊》（Journal of Financial Economics）1997年第43卷，第3—27页。另外，迪舟和斯罗恩（1997）认为，价值异象并非如LSV（1994）所指出的那样，是非理性投资者的天真推理导致的；相反，价值股胜出是市场参与者对分析师预测的错误信念导致的，市场参与者系统性地对分析师的预测持乐观看法。我们还注意到，图2.5中运用的估价指标是净值市价比。运用其他估价指标，比如市盈率（price-to-earnings），不会得出如此引人注目的图片，但对其他估价指标的深入分析仍然表明，价值异象部分地由错误定价推动，而错误定价是由投资者的预期误差导致的，且不能完全由额外的风险进行解释。

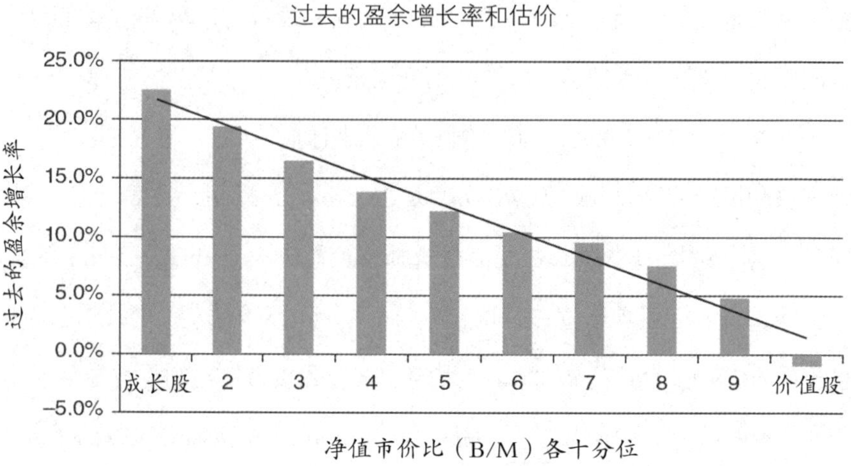

图2.5　投资者以过去的增长率推断未来

图2.5显示的是过去的收益增长率会持续到未来这一惯常的市场预期。成长型公司的股价高，是因为市场参与者认为过去的增长率会持续下去。否则，他们为何会为这些股票支付如此高的价格呢？与此同时，价值型股票价格便宜也有了一个好理由：市场认为，它们过去糟糕的增长率也会持续下去。

但事实果真如此吗？廉价股的未来收益增长率真的很低而高价股的未来收益增长率真的很高吗？这是一个可以用实验来进行测试的经验性问题。那么，平均来看，成长型企业的增速是否一直较快或者市场预期是否存在系统性的缺陷？

我们通过图2.6来看看未来5年内的收益增长率会发生什么变化。具体来说就是，价值型股票是否继续如预期的那样产生较低的收益增长率？而成长股是否会保持较高的收益增长率？

答案是否定的。图2.6是系统性地打烂牌的证据。现实的收益增长率

（图中黑条所示）系统性地复归于整体的平均增长率。价值股的收益增长率优于预期，而成长股的表现系统性地低于预期。我们花些时间来探讨一下这一具有重要意义的结果。

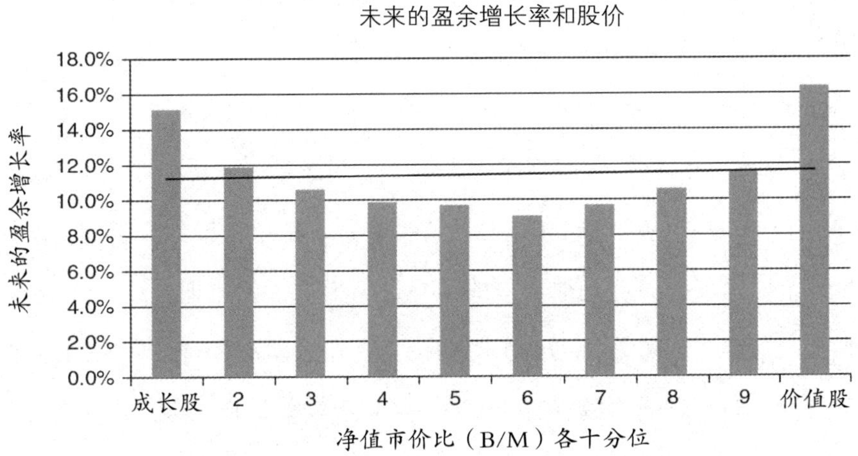

图2.6　实际的增长率系统性地复归于均值

这种对预期的意外偏离导致价格走势利于廉价的价值股，而不利于昂贵的成长股。这种偏离至少部分地解释了高价股投资者表现不佳、廉价股投资者表现突出、被动投资者表现居间的原因。

总体而言就是：平均来看，市场把价值股往火坑里推并且为成长股宣传造势。从玩牌的角度来看，做多成长股和做空价值股是系统性的糟糕策略。认为上一把牌好就等同于下一把牌也好是一种失败的思维。但在价值异象存在的情况下，牌技最佳的玩家会做什么呢？他们能轻松地利用牌技烂的玩家创造的机会吗？

下一步：确认最佳玩家的行为　我们可能成不了世界上最聪明的投资者，乔治·索罗斯（George Soros）、朱利安·罗伯逊（Julian

Robertson）、莱昂·库珀曼（Leon Cooperman）和保罗·都铎·琼斯（Paul Tudor Jones）要比我们聪明得多。但是，若我们不打算成为投资领域的最佳玩家，我们又怎么能击败那些厉害的投资者呢？我们可以通过发现最聪明的投资者不愿参与的市场机会来取胜。但为什么聪明的投资者不想以直接的方式，如价值投资，来击败市场呢？

如前所述，聪明的投资者，如乔治·索罗斯、朱利安·罗伯逊、莱昂·库珀曼、保罗·都铎·琼斯等人和贝莱德（BlackRock）、富达（Fidelity）这样的大型机构，会从许多投资者那里集聚到大量的资本。从多个层面来看，这是很合理的结果，因为投资者想把自己的钱交给聪明人管理。问题是，真正聪明的投资者在管理资金时，代表的通常是受行为偏差影响的投资者（系统1类型的思维者）。施莱弗和维什尼强调、肯·希伯纳的例子证实的是，许多聪明的市场参与者受到了投资者对他们施加的短期表现指标的束缚。“与基准相比，你这个季度的表现如何？本年度截止到目前，你的表现如何？你这个月利用了哪些宏观经济趋势？”所有这些都是市场上普遍存在的问题。被解雇和被先锋（Vanguard）基金的消极资产组合取代的危险均是隐含的威胁。当工作安全和客户期望胜过长期的价值创造时，有趣的事情就会发生。

马库斯·布鲁那米尔（Markus Brunnermeier）和 斯蒂芬·纳格尔（Stefan Nagel）在《对冲基金和技术泡沫》（*Hedge Funds and the Technology Bubble*）这篇卓越的文章中，讨论了管理他人资金的聪明投资者们面临的扭曲激励机制。[1] 与教科书中所介绍的有效价格形成机制不同，聪明钱有时候会成

① 马库斯·布鲁那米尔和 斯蒂芬·纳格尔：《对冲基金和技术泡沫》，《金融学期刊》1993年第59卷，第2013—2040页。

为强化错误定价的激励因素，而不是弱化错误定价。布鲁那米尔和纳格尔发现，在20世纪90年代后期的互联网泡沫中，许多对冲基金管理人都没有利用价值股和成长股之间的错误定价，而是买入了成长股、卖出了价值股。这样的做法使他们能在一段时间内更紧密地追踪大盘指数。与此同时，那些坚持价值投资的可怜的对冲基金管理人，例如老虎基金（Tiger Fund）的朱利安·罗伯逊，最终落了个无资产管理、奉行的商业模式破产的下场。

但朱利安·罗伯逊并不是1994—1999年间唯一失去一切的著名投资者。大约在同一时期，安德鲁·巴伦对沃伦·巴菲特的表现有过这样的评价①：

> “沃伦·巴菲特可能正在失去他的魔力。”

巴伦的观察可在很多方面得到验证。20世纪90年代后期，价值投资者作为一个群体被市场击溃了。一般价值投资的表现（如图2.7所示）连续6年大幅低于大盘！

显然，做一名价值投资者需要有耐心和信心，但很少有投资者具备这些特质。从理论上讲，价值投资很容易，只要买入并长期持有廉价股即可，但实际上，真正的价值投资几乎是不可能实现的。

我们运用肯·弗伦奇的数据，考察了20世纪90年代末价值投资者们获得了何等令人痛苦的表现。我们考察了1994年1月1日至1999年12月31

① 安德鲁·巴伦：《你怎么了，沃伦？》（What’s Wrong, Warren?），《巴伦周刊》（*Barron’s*），见网址：www.barrons.com/articles/SB945992010127068546，访问时间为2015年12月29日。

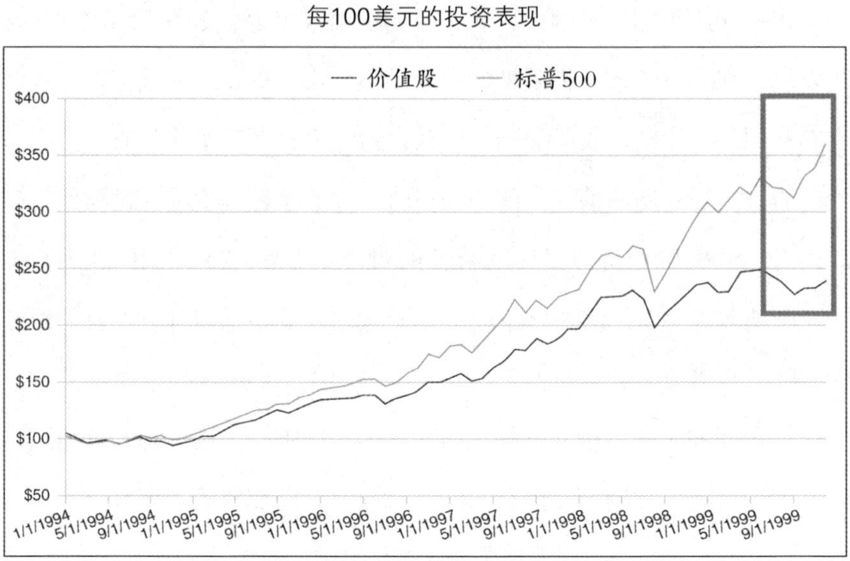

图2.7　价值投资可能表现欠佳

日期间的价值投资组合（由B/M排名前10%的股票组成，按市值加权法构建）、成长型投资组合（由B/M排名后10%的股票组成，按市值加权法构建）、标准普尔500总回报指数（SP500）和罗素2000总回报指数（R2K）这一小盘指数。结果如表2.2所示。所有的收益都是总回报，包括收益分配（如股息）的再投资。结果是包含费用的毛收益。

从绝对值来看，价值投资组合的收益不算差，但相对来看，其收益是糟糕的。观察年化收益率（如表2.3所示），价值投资的收益几乎每年都比不上简单的消极市场配置！

普通的指数基金（SP500）在6年的时间里有5年的表现亮眼，某些时候的差距竟达到了两位数！为了深刻体会这些价值管理者们的经历，问自己这一问题：

如果你的资产管理人在六分之五的时间里表现不如基准，有时差距高达两位数，你会解雇他们吗？

表2.2 价值投资可能表现欠佳（1994—1999年）

	价值股	成长股	标普500	R2K
CAGR	18.35%	27.71%	23.84%	13.39%
标准差	11.79%	16.53%	13.63%	16.96%
下行偏差	7.59%	11.25%	10.50%	14.27%
夏普比率	1.09	1.28	1.30	0.55
索提诺比率（MAR= 5%）	1.66	1.87	1.67	0.64
最大回撤率	−11.58%	−16.33%	−15.18%	−29.78%
最差月收益	−8.62%	−14.92%	−14.31%	−19.42%
最佳月收益	8.05%	10.69%	8.04%	11.32%
盈利月占比	68.06%	70.83%	73.61%	66.67%

表2.3 年化收益率

	价值股	成长股	标普500	R2K
1994	−2.83%	2.53%	1.35%	−1.82%
1995	36.47%	35.47%	37.64%	28.45%
1996	14.22%	23.20%	23.23%	16.49%
1997	32.52%	31.15%	33.60%	22.36%
1998	29.75%	44.23%	29.32%	−2.55%
1999	5.45%	33.90%	21.35%	21.26%

99.9%的投资者会响亮地回答说：“会”（而且他们不会给一个人6年的试用期）。鉴于这样的糟糕表现，大多数（如果不是全部的话）的专业资产管理人会被炒鱿鱼。资产管理人能直观地发现这种证据，为了内化不利的结果，他们会避免进行价值投资，因为这会让他们看起来像傻瓜。在审视了6年的价值投资痛苦经历后，我们可得出两个关键的要点：

1. 对于长期投资者而言，经历6年的痛苦磨砺是很了不起的事情。为什么？因为这会减少了来自一些最优秀玩家的竞争。对于这些玩家而言，职业生涯风险胜过表现考量，弱者会被淘汰出局。

2. 可持续的主动投资要求特殊的投资者。它要求投资者严守纪律、目光长远，对短期的相对表现不以为意。这些独特的投资者正是我们在图2.4中标记的可持续的投资者。

我们先暂时搁置现实，设想这样一种情形：有一位积极的价值投资经理，1999年没有客户抽出资金。那么，从长期来看，这些客户的收益会如何呢？如表2.4所示，价值会很快恢复，而且在此之后的整个时间段内，价值投资都会获得优异的收益。表2.4显示的是，价值投资组合在经历了6年的表现不佳之后，在2000年1月1日至2014年12月31日期间（15年）的收益。

坚持价值投资策略虽然很痛苦，但在2004年至2014年间，该策略每年获得的收益比市场基准（标准普尔500指数）高出约5%。

在整个周期中，坚持不懈、严守纪律的投资者获得了丰厚的奖励。表2.5显示了1994年1月1日至2014年12月31日期间价值投资策略的收益结果。

表2.4 汇总统计数据（2000—2014年）

	价值股	成长股	标普500	R2K
CAGR	9.12%	2.75%	4.45%	7.38%
标准差	24.05%	16.90%	15.22%	20.42%
下行偏差	17.73%	12.50%	11.42%	13.77%
夏普比率	0.41	0.14	0.24	0.36
索提诺比率（MAR= 5%）	0.37	−0.07	0.05	0.31
最大回撤率	−64.47%	−58.21%	−50.21%	−52.89%
最差月收益	−28.07%	−16.13%	−16.70%	−20.80%
最佳月收益	36.64%	11.21%	10.93%	16.51%
盈利月占比	58.89%	56.67%	60.56%	58.89%

表2.5 汇总统计数据（1994—2014年）

	价值股	成长股	标普500	R2K
CAGR	11.68%	9.33%	9.65%	9.06%
标准差	21.27%	17.00%	14.92%	19.48%
下行偏差	16.23%	12.25%	11.19%	13.97%
夏普比率	0.50	0.45	0.51	0.41
索提诺比率（MAR= 5%）	0.51	0.44	0.48	0.40
最大回撤率	−64.47%	−58.21%	−50.21%	−52.89%
最差月收益	−28.07%	−16.13%	−16.70%	−20.80%
最佳月收益	36.64%	11.21%	10.93%	16.51%
盈利月占比	61.51%	60.71%	64.29%	61.11%

那么，底线是什么呢？对长期投资者而言，相对于成长型投资，价值投资是最佳策略，但对世界上许多最聪明的资产管理人而言，包括了不起的朱利安·罗伯逊，价值投资是根本不可行的商业模式。在网络泡沫时期，这些专业人士在投资者赎回资金的威胁下，买入高估的成长股，造成了“多元化恶化”（diworsify）风险。他们为了跟上大盘的步伐，随大流而动。这样的决策虽然帮他们保住了饭碗，却丧失了让投资者最大限度地获得收益的机会，即使有些人确实眼光长远且严守纪律，最终也可能做出这样的行为。

融会贯通

我们以价值投资和成长型投资为例，介绍了如何运用可持续的主动投资框架确认市场的优胜策略。价值投资非常适合这种范式，但它有严重的瑕疵，特别是它可能在一段时间内表现不佳。我们从价值投资中得到的教训是：成功的主动投资简单却不容易。如果主动投资容易实现，那么人人都会这么做。如果人人都这么做了，那么长期就不可能产生超额的风险调整后收益了。

总之，图2.4的长期表现等式强调了获得可持续表现的两个要素：

1. 可持续的程序利用系统性的投资者预期误差；
2. 可持续的投资者目光长远且具有与众不同的意志。

这两点映射了玩纸牌的两个经典教训：

1. 确认牌桌上牌技最烂的玩家；

2. 确认牌桌上牌技最佳的玩家。

这两个经典的教训又映射着行为金融学的两大支柱：

1. 了解行为偏差和投资者如何形成预期；

2. 了解市场摩擦及其如何影响市场参与者。

因此，下次当你听到市场参与者说一种策略比另一种策略优秀时，你只需要问他这两个基本的问题就可以了：(1) 为什么运用此程序选择的债券被错误地定价了？(2) 为什么其他聪明的投资者没有利用这一错误定价机会？如果对这两个问题没有明确的答案，那么投资程序可能是不可持续的。

■ 成长型投资的表现如此糟糕，为什么还要做此类投资

我们在最后一节讨论了价值股如何跑赢成长股，并表明买入并持有成长股是糟糕的相对赌注。然而，大多数基金管理主体仍将可投资的股票划分为价值股和成长股。为了凸显市场中价值股/成长股观念的盛行，我们用图2.8这一典型的三行三列表，将所有股票划分为9个格。图的纵轴表示规模（从大到小），横轴表示风格（从价值股到成长股）。

美国几乎所有重要的投资公司都使用图2.8或其衍生的图表。但是，若成长型投资是次优的投资策略，为什么还要考虑一个投资组合中包含

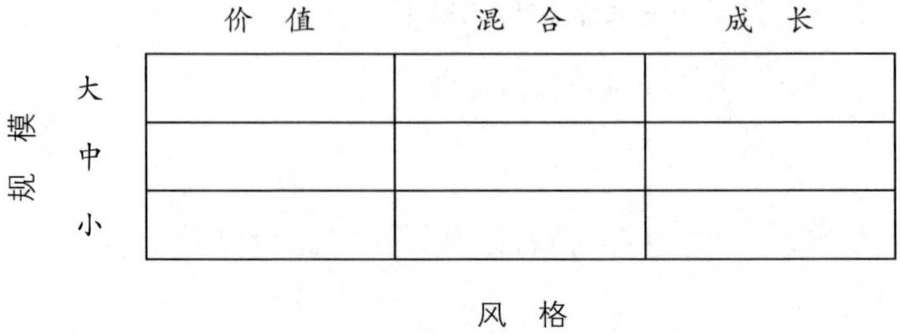

图2.8　价值股和成长股九宫格

成长股的框架呢？该问题的答案可能与这一事实有关：尽管成长股的回报相对较低，但它们为投资组合提供了多元化的收益。我们考察了成长股在20世纪90年代后期的多元化收益（见表2.6），这段时期也是价值股表现低于成长股的时期。我们研究了投资组合调整后的表现，即1994年至1999年间一半资金投资于价值股、一半资金投资于成长股的投资组合的收益。

在20世纪90年代，做综合投资者（综合价值股和成长股）要比做单纯的价值投资者明智多了。综合投资者虽然没有获得单纯的成长股组合那么高的收益，但其表现更接近于大盘，他们被炒鱿鱼的可能性几乎不存在。表2.7中的年化收益率数据明确体现了这一点。

1999年，单纯的价值投资组合会让资金管理人失业，综合投资与之不同，其表现虽比不上大盘，却至少不会让资金管理人失业。当然，我们已经知道了综合投资的结果：在这段特殊的时期，将成长策略和价值策略相结合的综合投资策略带来了巨大的好处——收益多元化。综合投资策略减少了单纯价值投资所经历的痛苦。

表2.6 价值股和成长股相结合的投资组合降低了收益的波动性（1994—1999年）

	价值股	成长股	50%价值股 50%成长股	标普500
CAGR	18.35%	27.71%	23.19%	23.84%
标准差	11.79%	16.53%	12.86%	13.63%
下行偏差	7.59%	11.25%	9.49%	10.50%
夏普比率	1.09	1.28	1.32	1.30
索提诺比率（MAR= 5%）	1.66	1.87	1.78	1.67
最大回撤率	−11.58%	−16.33%	−13.93%	−15.18%
最差月收益	−8.62%	−14.92%	−11.77%	−14.31%
最佳月收益	8.05%	10.69%	7.97%	8.04%
盈利月占比	68.06%	70.83%	70.83%	73.61%

表2.7 综合投资的年化收益率

	价值股	成长股	50%价值股 50%成长股	标普500
1994	−2.83%	2.53%	−0.09%	1.35%
1995	36.47%	35.47%	36.07%	37.64%
1996	14.22%	23.20%	18.77%	23.23%
1997	32.52%	31.15%	32.08%	33.60%
1998	29.75%	44.23%	37.15%	29.32%
1999	5.45%	33.90%	19.37%	21.35%

同样，如表2.8所示，综合投资策略让资金管理人安然度过了1994—2014年这段漫长的时期（见表2.5中的数据），其投资收益率高于标普500的基准。与单纯的成长型投资策略相比，综合投资策略减轻了痛苦程度。

表2.8　结合价值股和成长股的投资组合降低了波动性（1994—2014年）

	价值股	成长股	50%价值股 50%成长股	标普500
CAGR	11.68%	9.33%	10.86%	9.65%
标准差	21.27%	17.00%	17.42%	14.92%
下行偏差	16.23%	12.25%	12.87%	11.19%
夏普比率	0.50	0.45	0.53	0.51
索提诺比率（MAR= 5%）	0.51	0.44	0.53	0.48
最大回撤率	−64.47%	−58.21%	−56.63%	−50.21%
最差月收益	−28.07%	−16.13%	−22.10%	−16.70%
最佳月收益	36.64%	11.21%	23.28%	10.93%
盈利月占比	61.51%	60.71%	62.30%	64.29%

积极的资产管理人得到的另一个好处是，他们在科技泡沫时期保住了饭碗。当然，这一方法也存在缺陷：由于纳入了成长股，综合投资组合的绝对收益率会比较低，因此，积极的价值投资策略在整个周期内的表现会被拉低。

■ 能否找到更出色的多元化投资组合

如上所述，投资者和专业的基金管理人都认识到了将成长股纳入投资组合的好处，特别是在1994—2014年期间。由于价值股和成长股的相关性较低，包含它们的投资组合偏离基准的幅度较小，且波动性易于控制。然而，以纳入成长股来提供多元化收益的方法是有代价的：预期的投资者组合收益率比较低。成长型投资不是可持续的积极策略，事实上，刚好相反，它是可持续的糟糕策略。那么投资者该怎么做呢？在理想的情况下，投资者能够获得成长型投资组合的多元化好处，但他们要运用一种积极的选股方法，该方法的特征要符合可持续的主动投资框架。

幸运的是，有一种方法可能解决这一难题，该方法就是动量投资。学者纳拉西曼·杰加德什（Narasimhan Jegadeesh）、施瑞丹·泰特曼（Sheridan Titman）在20世纪90年代早期（1993年）发表的《追涨杀跌的回报：对股市效率的启示》（*Returns to Buying Winners and Selling Losers: Implications for Market Efficiency*）一文中开始关注“动量”这一古老的概念，它指的是以过去的回报来预测未来回报的一类策略。[①] 也就是说，当一只股票上一年的表现比较好时，其未来的表现也会相对较好。研究人员进行了深入的研究后发现，即使控制了公司规模和价值因素，动量效应依然存在。从样本数据来看，这种效应似乎持续了200年之久[②]，而且在各类资产中都发现了这种效应，如大宗商品、货币甚至是债券。[③] 另外，研究人员发现，相对而言，动量与价值不相关，这就带来了多元化

① 纳拉西曼·杰加德什和施瑞丹·泰特曼：《追涨杀跌的回报：对股市效率的启示》，《金融学期刊》1993年第48卷，第65—91页。

② 克里斯·盖奇（Chris Geczy）和米哈伊尔·萨摩诺夫（Mikhail Samonov）：《两个世纪的价格收益动量》（*Two Centuries of Price Return Momentum*），《金融分析师期刊》（*Financial Analysts Journal*），2016年。

③ 克里福德·阿斯尼斯（Clifford S. Asness）、托比亚斯·莫斯科维奇（Tobias J. Moskowitz）和拉瑟·佩德森（Lasse H. Pedersen）：《无处不在的价值和动量》，《金融学期刊》2013年第68卷第3期，第929—985页。

的好处。总之，动量效应存在的证据似乎很普遍，而且它能带来与成长型投资类似的多元化好处。

尽管学术界已有大量有关动量投资策略的研究，但在积极管理的基金中，动量策略还未得到普遍的运用，特别是与市场中大量的“成长型”基金相比。事实上，大多数人对“动量”本能的看法是，动量投资就是成长型投资。不幸的是，这种看法反映的是市场上的一种误解。尽管动量和成长有时存在相关性，但肯定不是一回事。此外，我们认为，与成长型策略不同，动量策略与很好地契合了可持续的主动投资框架，是除价值投资（价值投资也是一种可持续的策略）之外的一种优秀的多元化策略。我们将在下一章解释，为什么说与既考虑基本面又考虑价格的成长型投资策略相比，纯粹关注价格的动量投资是更好的选择。我们要让读者相信，有证据支持以“动量”策略取代“成长型”策略，从而形成新风格九宫格（如图2.9所示）。

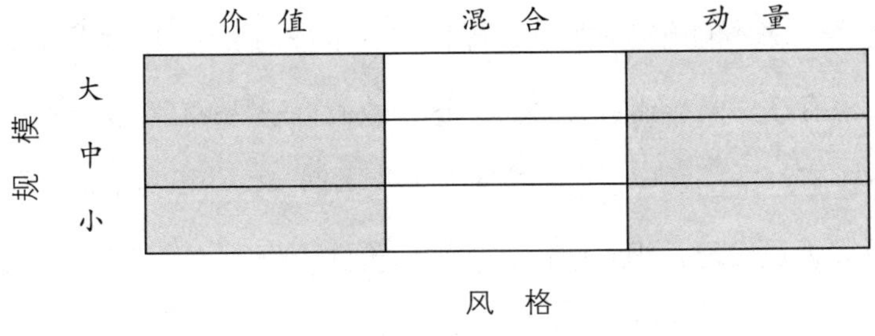

图2.9 新风格九宫格

小结

为了评估积极策略的可持续性，我们介绍了可持续的主动投资框架，这样可以更好地理解某些策略有效而其他策略无效的原因。之后我们回顾了有关价值投资和成长型投资的经典争论，但我们是从可持续的积极框架视角来看待这些争论的。我们认为，价值投资奏效并非因为本杰明·格雷厄姆指出的原因，而是因为：(1) 它系统性地捕捉到了与糟糕的预期有关的市场中的错误定价；(2) 利用错误定价机会非常困难。

接下来，我们讨论了这一问题：尽管长期来看，成长型策略的历史表现更差，但投资者还是愿意投资于成长股。我们重点论述了一段独特时期（即网络泡沫时期）的情形。在这段时期内，成长型投资的表现优于价值投资，而且成长型投资保住了许多职业投资经理的饭碗。然后我们简单地讨论了成长型投资的收益（多元化）和成本（长期表现较差）。最后，我们提出了这样的建议：以动量投资组合替代成长型投资组合。我们希望动量能为价值投资组合带来成长型投资组合能提供的多元化收益，而且在带来这一收益的同时不会损害投资组合的长期预期表现。我们将在下一章介绍动量投资策略，重点介绍它与成长型投资的不同之处，阐明动量投资是比成长型投资更优秀的价值投资的补充。

第三章　动量投资不是成长型投资

> 购买股票最愚蠢的理由就是股价在涨。
>
> ——沃伦·巴菲特[①]

我们使用“动量”一词表示过去的相对收益的延续，也就是说，过去的赢家往往是未来的赢家，过去的输家往往是未来的输家。从业者通常将这类策略视为相对强势策略（relative strength strategies），它们已存在很长时间了。事实上，罗伯特·列维（Robert Levy）于1967年发表了一篇名为《以相对强势作为投资选择的标准》(*Relative Strength as a Criterion for Investment Selection*）的论文，他在该文中得出的结论是：“购买历史上最强势的股票所能获得的利润高于购买随机选择的股票。”[②]奇

① 罗伯特·布洛克（Robert Bloch）:《巴菲特投资圣经》(*The Warren Buffett Bible*)，纽约：天马出版公司（skyhorse Publishing）2015年出版。

② 罗伯特·列维：《以相对强势作为投资选择的标准》，《金融学期刊》1967年第22卷，第595—610页。

怪的是，自列维以后，对相对强势策略的研究就处于休眠状态了。为什么会这样？因为有效市场假说登上历史舞台了。

■ 有效市场压制相对强势

正如我在第二章中指出的，有效市场假说（EMH）于20世纪60、70年代在芝加哥大学诞生和完善，随后在学术界蓬勃兴盛。根据半强型EMH的解释，资产价格反映了所有公开可获得的信息，因此在控制风险后，投资者无法持续跑赢随机选择的一揽子证券。或者如EMH的支持者伯顿·马尔基尔（Burton Malkiel）在1973年出版的经典大作《漫步华尔街》（*A Random Walk Down Wall Street*）中指出的："就算是蒙着眼睛向《华尔街日报》投掷飞镖的猴子，也能选出不亚于专业人士精挑细选出的投资组合中的好股票。"[①] 因此，根据EMH，不管出于什么意图和目的，列维关于相对强势策略表现的证据都不可能存在。

似乎像列维这样的从业者（发表上述论文时他正供职于私人部门）被极度信奉有效市场假说的狂热学者击败了。从业者基本上被禁止在顶级学术性金融期刊上发表文章，而且从事与EMH理念相反的研究的学者也被从新兴的EMH庙堂中赶出来了。[②] 此后25年内的学术研究步入了一段黑暗期，对相对强势策略的讨论也被禁止了，学术研究空间主要是为EMH的啦啦队成员们保留的。

---

① 伯顿·马尔基尔：《漫步华尔街》，纽约：诺顿出版公司1973年出版。

② 詹森（Jemsen）和本宁顿（Bennington）在《随机游走和技术理论：一些附加的证据》（*Random Walks and Technical Theories: Some Additional Evidence*）一文中拓展和证实了列维的研究，见《金融学期刊》，第25卷，第469—482页。

但在象牙塔里，并非一切都那么美好。与EMH不一致的异象于20世纪70年代出现在了学术文献中。如前所述，本·格雷厄姆等人已经表明，购买一揽子廉价股往往能够跑赢市场，学界此时开始认真地审视价值效应。与价值和其他所谓的异象有关的证据开始累积，这暗示了EMH假说可能存在问题，但EMH的支持者仍然信心十足。然而，在大多数EMH的支持者享受着其荣光的时候，丹尼尔·卡尼曼与阿莫斯·特沃斯基（Amos Tversky）一道开启了有关人类偏差影响金融决策的机制的探索。卡尼曼和特沃斯基最早确认了投资者内部行为偏差和学术性金融文献中认定的异象之间的联系。

■ “动量”从废墟中崛起

我们之前提及过，20世纪90年代初，纳拉西曼·杰加德什和施瑞丹·泰特曼发表了开创性的文章《追涨杀跌的回报：对股市效率的启示》，从而为列维1976年的发现注入了新的活力。这篇论文基本上秉承了列维1967年的分析精神，但运用了更多的数据和更强大的计算能力，而且两位作者愿意代表学术界的当权派发表质疑EMH的研究。到此时，EMH盔甲上的裂缝越来越大了。

有趣的是，尽管杰加德什和泰特曼的论文被许多人视为现代选股动量策略的开山之作，他们的原始论文中却没有提到“动量”一词。我们认为，自马克·卡尔哈特（Mark Carhart）在《金融学期刊》上发表了他的芝加哥大学博士论文内容后，“动量”一词就被采用了。在这篇论文中，卡尔哈特创建了一个动量因子，它基本上反映了杰加德什和泰特曼在其论文中介绍的相对强势选股策略。[①]在卡尔哈特发表这篇论文之后，动量就成了古老的相对强势策略的新学术用语。随着闸门的打开，研究人员发表了一系列关于动量策略的论文，他们提出的证据如此之多，以至于EMH理论的原创设计师尤金·法玛都将动量视为“首要的异象”了。[②]

值得注意的是，当现代学者们重新关注选股动量时，许多从业者仍然深陷于过去而不能自拔。这种退化行为出现的原因可能与从业者的培养渠道有关。管理投资组合的工商管理硕士（MBA）们是学者们培养出来的，但学者们学到的是便利他们解决资产配置问题的投资数学。在他们看来，选股训练就是在浪费时间，因为根据EMH的严格解释，选股是傻瓜的游戏。当然，对MBA“反叛者”来说，市场中总是存在待追逐的价值异象（value anomaly），在来自内布拉斯加州（Nebraska）奥马哈（Omaha）的平民投资英雄沃伦·巴菲特大获成功后，这一理念已经得到普及了。然而，与价值投资不同，动量投资领域没有任何耀眼的明星，既没有本·格雷厄姆，也没有沃伦·巴菲特。更糟糕的是，奉行价值投资理念的英雄们与坚信EMH的学者们对动量持相同的看法，这一点是颇具讽刺意味的。他们认为价值投资方法是完全合理的，但动量投资是黑色艺术，是只有傻瓜和异教徒才会使用的一种巫毒魔法。当然，所有这些指责都是有实际证据支持的，这也意味着动量投资比价值投资更加反常。[③]

多年来，EMH取得了巨大的成功，大量的学术论文展现了市场的有

---

① 马克·卡尔哈特：《论共同基金表现的持续性》（*On Persistence in Mutual Fund Performance*），《金融学期刊》1997年第52卷，第57—82页。

② 尤金·法玛和肯尼斯·弗伦奇：《解析异象》（*Dissecting Anomalies*），《金融经济学期刊》2008年第63卷，第1653—1678页。

③ 同上。

效性。让EMH在很多方面赢得支持的是这一论据：价格通常是有效的。但价格效率正是证明动量投资有效的证据，这让EMH学派颇为沮丧。当投资者运用他们的智慧，做了深入的调查并且比其他投资者更了解财务报表时，他们就会打败市场，从而导致价值异象。但动量异象与之完全不同：价格动量与基本面无关，所以即使傻瓜也能追求重视相对价格的成功策略，因为这个简单的指标似乎可以预测未来的价格。这一发现与弱式EMH相矛盾，这就麻烦了！

■ 行为金融理论家解释动量

在学术研究人员的努力下，金融经济学领域不断向前发展，而且行为金融范式如凤凰涅槃般地从EMH的灰烬中兴起。新的范式以EMH为基本假说，但放松了有关投资者理性和无摩擦市场的假设，以便能更好地理解和解释价格如何和为何偏离有效水平，这为第二章中提出的可持续主动投资概念奠定了基础。

铁杆价值投资者对动量有不同的担忧，这是一种基于模糊推理和宗教热情的担忧，来自价值投资相关著作的引言和一些铁杆价值投资者的话便能证明这一点。例如，据说沃伦·巴菲特曾说过，“购买股票最愚蠢的理由就是股价在涨”。作为经验法则，巴菲特的建议并无不妥，而且他显然是一位非凡的投资者，其见解值得我们深思，但经验法则并不一定能反映出细微的差别。较高的价格并不都是不可靠的信号。例如，一只股票的内在价值高于其上涨后的价格，应如何看待这一较高的新价格呢？这不还是价值投资吗？或者存在一个与更高的价格相关的正反馈闭环，高价格反过来能提高公司的内在价值呢？股价上涨可能降低企业的资本成本，使企业吸引更出色的人力资本，甚至产生免费的广告效应，最终会增加基本价值，尽管是以反身性的方式。总之，成长型股票（指定价高于基本价值的股票）通常是坏事，但价格上涨本身并不总是坏事。事实上，在其他条件相同时，价格上涨通常是企业积极发展的表现。

考虑下面两种假设的情形：

- 脸书（Facebook）去年的股价上涨了100%，市盈率为15。
- 谷歌去年的股价下跌了50%，市盈率也为15。

买入哪只股票更好呢？对典型的价值投资者而言，两只股票的股价是一样的，因为它们的市盈率都为15。然而，从心理学的角度来看，一些投资者会“觉得”谷歌股是更好的选择，因为价值股通常是价格已下跌的股票。投资者购买价格上涨了100%的股票有什么价值呢？真正的价值投资者会本能地对价格的强势上涨持怀疑态度，这是因为他们骨子里是价值投资者！当涉及传统的价值或令人烦恼的投资机遇时，强势的价格上涨通常不是什么好信号。价格强势上涨意味着投资者不能像之前那么便宜地买入股票了，也就是说，现在买入股票要比之前付出的成本高了，至少相对而言是如此。但这种对买入高风险股票的厌恶感不是价值投资者所独有的，所有投资者都有这种不信任感，没有人想成为以高价买入股票的傻瓜。事实上，人们有低价买入的冲动。如果你持有一只涨价股，你可能想卖掉它获得收益，毕竟获得收益会让人感觉良好。这通常被称为“处置效应”（disposition effect）。有强有力的经验证据支持这一结论：处置效应与动量异象有关。[①]

考虑一只在过去52周里持续保持高价位的股票，许多投资者认为这样的情形意味着这只股票被高估了，而且其价格不太可能进一步走高，即使从基本面来看其股价仍然是便宜的。这种主流的解释显然是错误的，因为过去52周里一直保持高价位的股票大大优于过去52周里一直保持低价的股票。[②]但是，当许多市场参与者都持这类偏见时，市场上就会形成这一合理的假设：与基本面无关的价格压力可能会阻止股票价格达到其真正的价值，因为市场参与者会本能地认为"这只股票已经涨过头了"，在这种情况下，动量投资本质上是价值投资的堂兄弟而非敌人。怎么会这样呢？价值投资的优势通常被定性为面临糟糕的短期基本面时表现出的悲观主义，这会导致股价低于未来的预期。也许动量投资的优势被定性为面临强势的短期基本面时表现出的悲观主义，这导致股价低于未来的预期。

■ 等等，动量投资就是成长型投资？这说不通

等一等，如果我们刚才所说的是，股票可能因为投资者对短期强势基本面的悲观主义而变得廉价，那这不就是成长型投资吗？

不是这样的。

在澄清之前，我们先回顾一下价值投资和成长型投资背后的心理学基础。我们之前在讨论价值投资和成长型投资时指出，有证据表明价值

① 贾斯汀·比鲁（Justin Birru）：《乱中之乱：对处置效应和动量的检验》，《金融研究评论》2015年第28卷，第1849—1873页。

② 托马斯·乔治（Thomas George）和黄传阳（Chuan-Yang Hwang）：《52周最高价和动量投资》（The 52-Week High andMomentum Investing），《金融学期刊》2004年第59卷，第2145—2176页。

投资优于成长型投资。二者间的表现差异可部分地归因于市场上的行为偏差引起的错误定价。例如，我们在第二章中提到，拉科尼修克、施莱弗和维什尼的研究表明，可用价格对基本面的比率（price to fundamental ratios，包括一系列指标）表示市场中出现的预期误差。回想一下，投资者认为成长型股票过去的高盈余增长率会持续下去，价值型股票过去的低盈余增长率也会持续下去。证据表明，这一预期的结果实际上并未发生。后续的研究对拉科尼修克、施莱弗和维什尼最初的核心发现进行了讨论，[①]但这些研究并没有展示最近的成果，包括丹尼尔和泰特曼于1997年发表的有关价值特征和股票收益的论文、派尔特罗斯基（Piotroski）和索（So）于2012年发表的关于价值投资收益和基本面相互关系的论文、杰克（2012）那长达117页的学位论文，后者深入探讨了派尔特罗斯基和索提出的概念。这些最新的论文证实，尽管存在波动性且利用成本较高，价值异象可部分地由错误定价所解释。[②]

因此，平均而言，投资者似乎过度推断了成长型公司（价格对基本面的比率较高的公司）的好消息，推动股价超过了其内在价值，而对价值

---

① 见詹姆斯·戴维斯（James Davis）:《已实现的股票收益的横截面：Pre-COMPUSTAT的证据》(*The Cross-Section of Realized Stock Returns: The Pre-COMPUSTAT Evidence*),《金融学期刊》1994年第49卷，第1579—1593页。也见尤金·法玛和肯尼斯·弗伦奇：《收益和回报中的规模和净值市价因素》(*Size and Book-to-Market Factors in Earnings and Returns*),《金融学期刊》1995年第50卷，第131—155页。

② 肯特·丹尼尔（Kent Daniel）和施瑞丹·泰特曼（Sheridan Titman）:《关于股票收益中横截面变化特征的依据》(*Evidence on the Characteristics of Cross Sectional Variation in Stock Returns*),《金融学期刊》1997年第52卷，第1—33页；约瑟夫·派尔特罗斯基（Joseph Piotroski）和艾瑞克·索（Eric So）:《识别价值/迷人策略中的预期误差：一个基本分析方法》(*Identifying Expectation Errors in Value/Glamour Strategies: A Fundamental Analysis Approach*),《金融研究评论》2012年第25卷，第2841—2875页；杰克·沃格尔（Jack Vogel）:《实证资产定价论文集》(*Essays on Empirical Asset Pricing*),德雷塞尔大学（Drexel University）2014年博士学位论文。

型公司（价格对基本面的比率较低的公司）则正好相反，投资者推动其股价低于了其内在价值。因此，在价值投资者框架内，成长型投资者在面对强势的基本面时过于乐观了。但我们现在是说动量投资者即使是面对强势的价格时也是过于悲观的吗？这似乎是前后矛盾的，但我们会解释清楚的。

明确申明：动量投资不是成长型投资。根据之前的研究，成长型投资的特点是，证券的价格相对于过去的基本面（如市盈率）比较高。我们承认，在实践中有很多定义成长股投资的替代性方法（例如以合理价格买入成长股），但我们仍按照学术惯例来论证我们的观点。我们认为，与成长型投资相反，动量投资的特征是，不管基本面指标如何，投资的证券的相对表现优于所有其他证券。例如，动量策略可能会考虑一只股票相对于其他股票的过去12个月的累积收益，但盈余或其他任何基本指标都不会被纳入分析中。在动量策略中，价格并非一切，价格就只是价格。

我们认为，强大的动量信号，类似于较低的价格对基本面比率（如价值指标），体现了投资者的预期误差，并能帮助消息灵通的投资者系统地识别出行为偏差阻碍证券达到其基本价值的情形。回顾第二章中介绍的可持续主动投资框架内的拙劣纸牌玩家。确认可持续主动投资策略的第一步就是，要有一些不够理性市场参与者创造错误定价的机会。我们稍后将论述“拙劣的纸牌玩家”和动量发挥作用的机制和原因。然而，这涉及表征动量（只与价格有关）与成长（相对于一些基本面的价格）的信号间的差异，理解这一点极为重要，因为这可以确保读者不会感到困惑、不会认为成长型投资与动量投资是一回事。

要清楚地阐释这一观点，最好的方式就是使用数据。我们根据一般动量信号，即过去12个月（忽略最后一个月）的相对表现排名前10%的公司，选定了一组中大型市值规模的企业，根据一般的价格对基本面比率信号，即市价对账面价值比率或净值市价比排名前10%的企业（也就是成长型企业），选定了另一组企业，然后考察了两类企业股票在1963年至2013年间的重叠情况。令人惊讶的是，在高动量股投资组合和成长股投资组合中，重合的股票仅有21只。也就是说，许多动量股不是成长股，许多成长股也并非动量股。事实上，高动量股既可能是价值股，也可能是成长股，还可能介于二者之间。

■ 深入挖掘成长股与动量股之间的关系

我们将在下面的分析中深入挖掘成长型公司和高动量公司的特征。我们的数据样本包括了价格研究中心（CRSP）和标准普尔公司会计数据库（Compustat）收录的纽约证券交易所（NYSE）、美国证券交易所（AMEX）和纳斯达克（NASDAQ）上市的企业数据，这是学界从事金融分析时使用的最佳数据。我们只考察CRSP收录的发行普通股的公司，这排除了房地产信托投资基金（REITS）、美国存托凭证（ADRS）、封闭式基金、公共事业和金融公司。我们使用比佛（Beaver）、麦克尼尔斯（McNichols）和普莱斯（Price）的方法，将CRSP的摘牌收益数据纳入到了样本中[①]。样本中的所有公司在t年6月30日时都必须具有非零市场价值的股权。根据学术惯例，我们以净值市价比作为年度“估价”指标。我们

① 威廉姆·比佛（William Beaver）、莫林·麦克尼尔斯（Maureen McNichols）和理查德·普莱斯（Richard Price）:《退市收益及其对基于会计的市场异象的影响》（*Delisting Returns and Their Effect on Accounting-based Market Anomalies*），《会计和经济学期刊》（Journal of Accounting and Economics）2007年第43卷，第341—368页。

以法玛和弗伦奇的方法计算每年6月30日的账面价值和市值。所有账面价值为负的企业都被从样本中剔除。这里的“成长型”企业指的是相对于B/M价格最昂贵（比率值越低表示越昂贵）的企业。我们以截至目前的12个月（忽略最后一个月）的累积收益率计算动量并排序，这类似于法玛和弗伦奇的做法。

这些测试针对的是所有中大盘股，即股票市值高于纽约证券交易所40%总市值的股票。采用这一方法是为了确认实证结果是否适用于更广泛的股票领域及实证结果是否会随着规模和流动性的变化而变化。我们关注更具流动性的公司，这意味着我们的结论可能不适用于小型的非流动性公司。

我们的模拟步骤如下所示：

- 每个月，我们从排名前10%的成长股和高动量股中随机抽取各30只股票。
- 从1963年至2013年间，每个月抽取一次，创建月度再平衡的“成长”股组合和月度再平衡的“动量”股组合。
- 计算1963年至2013年间成长策略和动量策略的表现。
- 重复上述步骤1000次。

上述的实验相当于让一只专注于成长股的猴子在50年的每个月里向成长股圆靶扔30只飞镖，让另一只专注于动量股的猴子在50年的每个月里向动量股圆靶扔30只飞镖。让这两只猴子重复这样的步骤1000次，最终我们会从每个阵营中抽出1000只独立的投资组合管理人猴子样本。

一些猴子的表现不错，而另一些则表现欠佳，这只是运气使然。但别忘了，动量猴子是在顶级动量股中选择的，成长猴子也是在顶级的成长股中选择的。

图3.1展示了成长猴子和动量猴子的复合年均增长率的分布。

相对于其他猴子，一些最幸运的成长猴子表现不错，它们的复合年均增长率均值约为14%，而一些不幸的动量猴子则表现不佳，它们的复合年均增长率均值约为17%。然而，令人难以置信的是，在过去50年的时间里，没有一只扔飞镖的成长猴子的表现优于任何扔飞镖的动量猴子。这一结果着实令人惊叹。通常情况下，运行1000次模拟时，“尾部”或者分布的末端会出现一些重叠。显然，从复合年均增长率来看，动量投资与成长型投资不同。

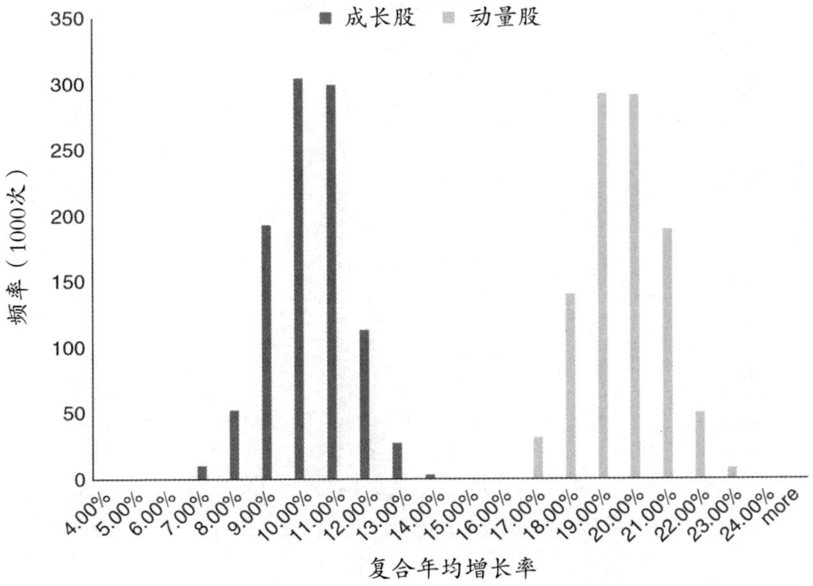

图3.1　复合年均增长率：成长猴子对动量猴子

接下来，我们来看看成长猴子投资组合和动量猴子投资组合的波动性。也许动量投资相对于成长型投资的高收益是对一般动量策略所承受的额外风险的补偿。

图3.2显示了成长猴子和动量猴子选股创建的投资组合的年波动率差异。波动率的分布范围比较窄。

但波动性可能无法反映动量策略相对于成长型投资策略的真正风险。我们研究了50年的最大回撤率或最差峰谷表现，将其视为极端尾部风险事件的反映。图3.3显示了成长型策略和动量策略在1000次模拟中的极端损失情形。

请注意，图3.3的左侧反映的是较高的回撤率，右侧反映的是较低的回撤率。由于浅灰色方条集中于左边，因此，平均来看，成长股的尾部

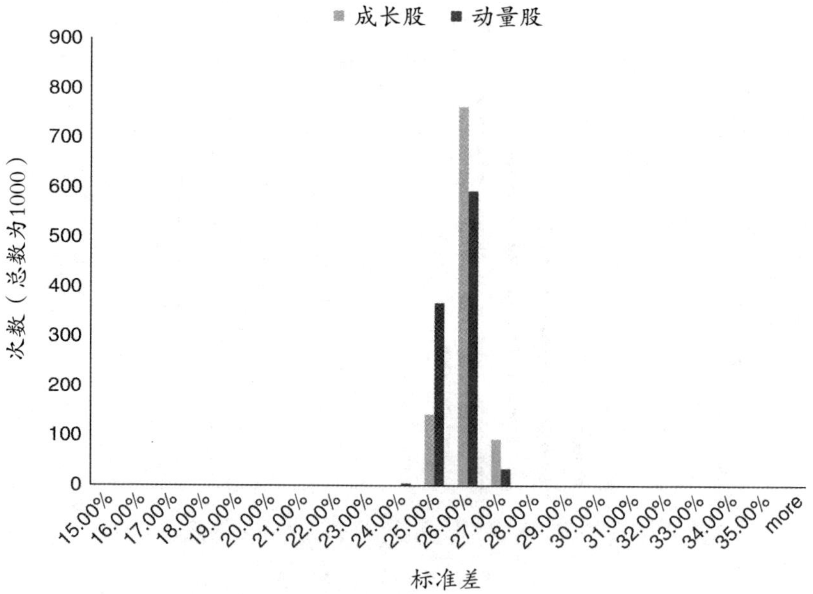

图3.2 波动性：成长猴子对动量猴子

风险高于动量股，后者集中于右方。在一些模拟运行中，动量股的回撤幅度大于成长股的，这导致了一些重叠，但这样的情形很少。绝大多数的观测结果显示，成长猴子的回撤率要比动量猴子高。

总而言之，成长型投资（投资于相对于基本面的高价股票）和动量投资（投资于过去相对表现较好的股票）不一样，从两类投资的历史特点中可得出这一明显的结论：成长股和动量股是不同的。

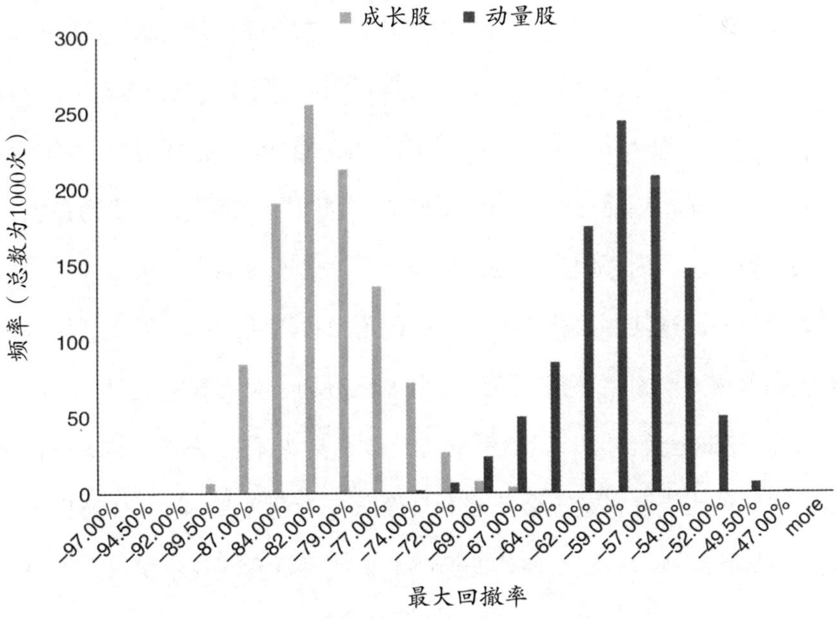

图3.3 回撤率：成长猴子对动量猴子

■ 但动量为何有效

> 我们发现世界是不平的，我们不理解这一点，也不能就其原因达成一致。
>
> ——克里福德·阿斯尼斯（Clifford Asness）[①]

克里福德·阿斯尼斯的这句话强调的是，有时候，你发现某些事情是真的，但你不完全理解它为什么是真的，也不能与其他人就这一问题达成一致意见。动量投资就是如此，数据明确显示，它是有效的，但我们不清楚它“为什么”有效。我们试图解决这个难题，但我们也知道，我们至多只能希望前行的方向是正确的。与动量投资相比，价值投资是比较直观的，因为它假定市场价格围绕着一个所谓的内在价值波动，而内在价值是通过基本面获知的。典型的价值投资者声称，可以利用内在价值和市场价格的差异获得报酬。但如果市场不再更新它们对企业内在价值的预期时会如何呢（这也被称为价值陷阱）？假设未来现金流分布是自由的，价值投资者是不会获利的。像所有的投资者一样，价值投资者需要市场预期变得有利于他们的策略。价值投资奏效并不仅仅因为投资者买入了廉价股，还因为便宜的价格与基本面比率（代表市场对价格的系统性预期误差），该比率向均值的回归有利于价值投资者。动量投资背后的核心理念也是如此，动量投资奏效是因为，相对强势指标代表的是

① 克里福德·阿斯尼斯、安德烈·弗拉兹尼（Andrea Frazzini）、罗恩·以色列（Ron Israel）和托比·莫斯科维奇（Toby Moskowitz）:《事实、虚构和动量投资》(*Fact, Fiction, and Momentum Investing*),《投资组合管理期刊》(*The Journal of Portfolio Management*) 2014年第40卷，第75—92页。

市场中的系统性预期误差，其向均值回归有利于动量投资者。

为了理解动量起作用的原因，我们运用之前提及的可持续主动投资框架来确定一种策略能否在长期取得成功。确认可持续表现的步骤为：(1) 确认拙劣的玩家；(2) 了解最佳的玩家利用拙劣玩家的限制；(3) 利用好出现的机会。我们的研究表明，历史记录彪悍的价值会表现出一些特征，这些特征意味着过去的记录可能会在未来延续下去。

我们利用可持续主动投资框架对价值异象的分析很自然地提出了这一问题：和价值投资一样，动量投资是不是可持续的投资方式？我们继续利用这一框架来解答这个难题，但首先我们要坚定地申明一点：与成长型投资不同的价值投资在历史上就是有效的。为了分析简单且前后保持一致，我们大致将“动量投资”视为这样的一种操作：购买过去一年里表现相对较好的企业的股票。运用从肯·弗伦奇的网站上获得的动量投资组合数据，[①]我们考察了1927年1月1日至2014年12月31日期间的高动量股票组合（动量值排名前10%的股票，以市值加权法构建）、成长型股票组合（B/M值排前10%的股票，以市值加权法构建）的收益和标普500总回报指数（SP500），结果如表3.1所示。所有的收益均为总回报，并且包括收益分配（如股息）的再投资。结果中包含费用。

动量股的表现大幅高于价值股、成长股和大盘。动量股组合的复合年均增长率为16.85%，而成长股组合仅为8.70%，比动量股组合低了8个百分点。这种历史上的收益差正是动量被学术研究人员视为首要异象的原因。显然，我们在这个阶段避免了对某些重要事项的讨论，如交易成本，

① 见网址：mba.tuck.dartmouth.edu/pages/faculty/ken.french/data_library.html，访问时间为2015年12月30日。

表3.1 动量股表现（1927—2014年）

	动量股	价值股	成长股	标普500
CAGR	16.85%	12.41%	8.70%	9.95%
标准差	22.61%	31.92%	19.95%	19.09%
下行偏差	16.71%	21.34%	14.41%	14.22%
夏普比率	0.66	0.41	0.35	0.41
索提诺比率（MAR= 5%）	0.79	0.54	0.37	0.45
最大回撤率	−76.95%	−91.67%	−85.01%	−84.59%
最差月收益	−28.52%	−43.98%	−30.65%	−28.73%
最佳月收益	28.88%	98.65%	42.16%	41.65%
盈利月占比	63.16%	60.51%	59.09%	61.74%

但有一个事实是明显的，那就是动量是表现之王。下一个问题是，这种表现是否可持续？

拙劣玩家创造了动量异象吗

价值投资中的核心行为偏差是代表性偏差，它导致价格对糟糕的基本面做出了反应过度。当然，这样的描述过于简化了心理因素的作用，但大量的学术证据似乎支持这一核心论题：价值股获得的超额收益并不完全由额外的风险推动，错误定价对额外的收益也具有一定的推动作用。关于动量，大量的学术证据表明，风险肯定对超额收益产生了一定影响，但错误定价也发挥了作用。动量投资的行为假设前提是，投资者似乎对强势相对表现所释放的利好信息反应不足。从表面上看，推动价值投资和动量投资的行为似乎相互矛盾，价值投资是由反应过度问题驱动的，而动量投资是由反应不足问题驱动的。为什么会这样呢？

对行为金融研究人员的一个有效批评是，他们也想有蛋糕吃。一种情况可用反应不足偏差解释，另一种情况可用反应过度偏差解释。行为准则太简单了：（1）抓起一本心理学教科书；（2）确认符合数据的行为偏差。尤金·法玛和肯尼斯·弗伦奇在1998年发表的论文《市场效率、长期收益和行为金融》（*Market Efficiency, Long-Term Returns, and Behavioral Finance*）中对所谓的行为金融研究人员提出了一个挑战：[①]

> 遵循标准的科学规则，市场效率只能被更好的模型取代……替代方案有一项艰巨的任务，它必须说明导致对某类事件反应不足同时又对其他类型的事件反应过度的投资者心理……

3篇论文的作者立即回应了挑战。[②③④] 丹尼尔（Daniel）等人和巴伯瑞斯（Barberis）等人侧重的是有记录的心理偏差驱动的模型，他们用模

① 尤金·法玛和肯尼斯·弗伦奇：《市场效率、长期收益和行为金融》，《金融经济学期刊》1998年第49卷，第283—306页。

② 尼古拉斯·巴伯瑞斯（Nicholas Barberis）、安德鲁·施莱弗（Andrei Shleifer）和罗伯特·维什尼（Robert Vishny）：《一个投资者情绪模型》（*A Model of Investor Sentiment*），《金融经济学期刊》1998年第49卷，第307—343页。

③ 哈里森·洪（Harrison Hong）和杰里米·斯坦因（Jeremy Stein）：《资产市场中反应不足、动量交易和反应过度的一个统一理论》（*A Unified Theory of Underreaction, Momentum Trading, and Overreaction in Asset Markets*），《金融学期刊》1999年第54卷，第2143—2184页。

④ 肯特·丹尼尔、大卫·赫什莱佛（David Hirshleifer）和阿瓦尼德哈·苏布拉马尼亚姆（Avanidhar Subrahmanyam）：《过度自信、自我归因和证券市场反应不足和反应过度的一个理论》（*A Theory of Overconfidence, Self-Attribution, and Security Market Under-and Over-Reactions*），《金融学期刊》1998年第53卷，第1839—1885页。

型预测价值策略和动量策略的超额收益。洪（Hong）和斯坦因（Stein）也研究了这个问题，但他们的视角稍有不同。丹尼尔和巴伯瑞斯等人侧重的是个体市场参与者的投资者心理问题；洪和斯坦因侧重的是不同市场参与者的互动问题，他们假定这些市场参与者要么是基本面投资者，要么是技术性投资者，但很少有参与者既是基本面投资者又是技术性投资者。我们建议有兴趣的读者能深入研读这些论文，因为他们提出的理论可能在某种程度上解释了动量奏效的原因，但我们特别重视的是巴伯瑞斯等人的论文，因为他们的方法得到的经验研究的支持最多。①

巴伯瑞斯等人得出的结论是，价值投资和动量投资是相互对照的偏差驱动的。如前所述，价值投资是由反应过度问题驱动的，此时人们反应太快，以至于无法从少量的近期数据中得出结论。相反，动量投资是由反应不足问题驱动的，这与反应过度正好相反。在反应不足的情况下，人们在新的证据基础上更新观点的速度太慢，这可能是由于系统的行为偏差和/或人类的认知能力有限（即学术文献中所称的“有限注意力”）导致的，但驱动了一种情况下的反应过度和另一种情况下的反应不足的因素是什么呢？

任何行为理论都面临着这一挑战：了解触发反应过度和反应不足的因素，换句话说就是，为什么市场参与者要进行行为的“制度转变”（regime-shifting）？我们能否理解如何做和为什么这么做的原因？巴伯瑞

① 虽然有一些研究与巴伯瑞斯等人的观点不符，如亚历山大·希拉特（Alexander Hillert）、海科·雅各布斯（Heiko Jacobs）和塞巴斯蒂安·穆勒（Sebastian Muller）的《媒体造就动量》（*Media Makes Momentum*），见《金融研究评论》2014年第27卷，第3467—3501页，但现实情况是，所有这些理论可能对解释动量效应的大量证据起到了一定作用，而且动量显然是由某些行为偏差引起的，即使它没有以巴伯瑞斯等人列明的形式表现出来。

斯等人信赖格里芬和特维斯基的研究结果[①]，他们认为，利好的收益消息单独展示或者与一系列利好的收益消息相隔离展示时，反应不足（即保守主义）就会发生；而利好的收益消息在一系列利好的收益消息中展示或者是一系列利好收益消息的一部分时，反应过度（即代表性偏差）就会发生。实验证据强烈支持巴伯瑞斯等人的结论。2002年，罗伯特·布鲁姆菲尔德（Robert Bloomfield）和杰弗瑞·黑尔斯（Jeffrey Hales）对康奈尔大学的MBA学生进行了对照交易实验后发现，MBA学生是否进行制度转变取决于他们如何看待新信息。[②]

我们以一家公告收益长期为正的公司为例来解释这个问题。当投资者获悉一则强大的好消息时会发生什么呢？投资者会预测，这样的趋势会持续下去，因为这是从观察到的持续盈利趋势中得出的结论。但投资者反应过度了，他们变得过于乐观，对股票行情看涨，而且因为他们预测这种强势的收益增长会持续到未来，因而会把股价哄抬到与基本面脱节的超高水平。此时，如果收益变成负的，投资者会大为震惊，因为这与他们的乐观预测不一致，他们会抛售股票，这导致股价下跌。这种行为就是成长型投资。

现在以一家近期收益更加不平衡的公司为例。当投资者获悉有利的收益信息时会发生什么呢？他们内心狐疑，态度保守，不能快速改变他们的信念。他们对股票行情的涨跌犹豫不决。他们不太确信，这样的正

① 戴尔·格里芬（Dale Griffin）和阿莫斯·特维斯基（Amos Tversky）:《证据的重要性和信心的决定因素》（*The Weighing of Evidence and the Determinants of Confidence*），《认知心理学》（*Cognitive Psychology*）1992年第24卷，第411—435页。

② 罗伯特·布鲁姆菲尔德和杰弗瑞·黑尔斯：《预测随机游走的下一步：机制转换信念的实验证据》（*Predicting the Next Step of a Random Walk: Experimental Evidence of Regime-Shifting Beliefs*），《金融经济学期刊》2002年第65卷，第397—414页。

收益是否会如昙花一现般短暂，高收益是否能持续到未来？在此情况下，投资者对强势的收益信息反应不足，并低估了近期收益的信息含量。他们过于悲观，即使信息表明股价可能仍遭低估，他们也不会抬高股价。只有随着时间的推移，价格才能上涨到完全反映新基本信息的地步。这种行为是动量投资。

巴伯瑞斯等人的结论是，价值效应和动量效应在各种参数值（是反应不足还是反应过度，要看不同时期的历史盈余的趋势）下存在都是合情合理的。

坦率地说，哪些行为偏差既推动了价值效应又推动了动量效应呢？对此学界并没有确定的结论，恐怕永远也不会有明确的结论。然而，似乎存在这样的共识：两种效应似乎都部分地由行为偏差导致的错误定价引起。价值和动量信号只是推动系统性的投资者预期误差的行为偏差的代理指标。经验证据强烈支持这一假设，而且在阿斯尼斯、莫斯科维奇和佩德森于2013年发表的论文《无处不在的价值和动量》中得到了可靠的验证。[①]

也许我们不应该过分担心导致拙劣玩家形成价值或动量异象的具体机制，也许理解和承认动量或价值如何起作用并不重要。作为投资者，我们只关心它是否起作用。由于动量的效果似乎不错，而且我们已经解释了拙劣玩家如何导致动量效应，现在我们必须解决另一个基本问题了。这个问题就是：为什么聪明钱的套利活动没有消除异象？

① 克里福德·阿斯尼斯、托比亚斯·莫斯科维奇和拉瑟·佩德森：《无处不在的价值和动量》，《金融学期刊》2013年第68卷第3期，第929—985页。

优秀玩家如何考虑动量

与价值投资类似，动量投资有时需要投资者遵守一定的规则，但很少有投资者能做到这一点。动量不是一直有效的，有时候可能惨败。这一严酷的现实导致许多大型资金池不敢过多地涉足动量投资。换言之，动量投资风险太大了。

为了说明动量投资可能对投资者的财富带来的危害，我们研究了2008年金融危机期间及后续时期动量投资者所经受的痛苦。我们计算了2008年1月1日至2009年12月31日期间动量投资组合（动量值排10%的股票，以市值加权法构建）、成长投资组合（B/M值排后10%的股票，以市值加权法构建）、价值投资者组合（B/M值排前10%的股票，以市值加权法构建）的收益和标准普尔500总回报指数（SP500）。结果如表3.2所示。所有收益均为总回报，包括了分配（如股息）的再投资。结果中包含费用。

表3.2 动量投资表现可能欠佳（2008—2009年）

	动量股	成长股	价值股	标普500
CAGR	−17.65%	−8.52%	−6.69%	−10.36%
标准差	26.03%	23.45%	45.60%	23.24%
下行偏差	20.67%	17.38%	23.06%	17.37%
夏普比率	−0.64	−0.30	0.05	−0.39
索提诺比率（MAR= 5%）	−1.01	−0.64	−0.09	−0.76
最大回撤率	−51.25%	−46.72%	−61.04%	−47.75%
最差月收益	−15.19%	−16.13%	−28.07%	−16.70%
最佳月收益	11.09%	9.92%	36.64%	9.42%
盈利月占比	50.00%	54.17%	62.50%	54.17%

动量投资的表现大幅低于其他投资。查看风险调整后的统计数据发现，动量投资的表现更为糟糕。显然，实施积极的动量投资策略与积极的价值策略一样，投资顾问要冒极大的职业风险。

我们考察了金融危机及后续期间（即2008年1月至2014年12月31日）的收益。结果中包含费用。在这7年里，简单被动指数基金的表现超过了动量投资组合。①

表3.3 动量投资表现可能欠佳（2008—2014年）

	动量股	成长股	价值股	标普500
CAGR	6.55%	8.69%	8.45%	7.44%
标准差	22.24%	17.13%	29.73%	16.75%
下行偏差	17.03%	12.92%	20.78%	13.30%
夏普比率	0.39	0.56	0.41	0.50
索提诺比率（MAR= 5%）	0.23	0.37	0.36	0.27
最大回撤率	−51.25%	−46.72%	−61.04%	−47.75%
最差月收益	−15.91%	−16.13%	−28.07%	−16.70%
最佳月收益	14.93%	11.21%	36.64%	10.93%
盈利月占比	61.90%	61.90%	59.52%	63.10%

我们之前提到过一个对价值投资者（1994—1999年间进行价值投资）提出的问题，现在问问自己这一问题：

① 更有意思的是，2008—2014年间，成长型投资的表现最好，这样的结果颇具讽刺意味。

如果你的资产管理人七年来的表现低于基准，有时落后幅度会达到两位数，你会解雇他们吗？

大多数投资者都会响亮地回答说“会”，而就担忧职业生涯的专业资产管理人而言，他们的反应是：“绝不能出现这种情形”，但利用动量策略导致的市场摩擦超出了职业风险。价值投资是交易不频繁时奏效的策略（即年度再平衡的投资组合具有超额的风险调整后收益）；而动量投资不一样，它是一种交易频率高时才奏效的策略（如季度再平衡的投资组合具有超额的风险调整后收益，但年度再平衡的投资组合没有）。高交易频率会增加交易成本，使资产管理人望而却步；另外，交易成本也限制了动量投资策略的盈利能力。尽管存在套利的限制，弗拉兹尼（Frazzini）等人还是解决了这一问题。他们直接运用AQR资本管理公司（AQR Capital Management）[①]的超过1万亿美元的现场交易数据发现，对高效的机构投资者而言，交易成本不能“解释”他们不愿意运用动量策略的原因。[②]

与动量投资相似的是价值投资，而非成长型投资

从表现和我们设计的可持续主动投资框架来看，动量投资更类似于价值投资而非成长型投资。就表现而言，价值投资和动量投资都具有较高的风险调整后收益，学术界已运用不同市场、不同资产类别和不同时间段的数据验证了这一点。学界对超额收益的共识性解释是，价值和动

① 成立于1998年，总部设在美国康涅狄格州格林尼治小镇的全球知名对冲基金。——译者注

② 安德烈·弗拉兹尼、罗恩·以色列和托比亚斯·莫斯科维奇：《资产定价异象的交易成本》（*Trading Costs of Asset Pricing Anomalies*），AQR工作论文，2014年。

量的超额收益是一些隐藏的系统性风险因子（高期望收益的一个合理原因）和错误定价因素（高期望收益的不合理原因）综合导致的。就错误定价而言，价值和动量指标都是识别股票受市场预期影响的信号，市场预期最终会变得有利于价值或动量投资者。与错误定价相伴的是这一严酷的现实：大量的由聪明的投资者管理的资金套利能力有限，无法消除价值或动量的超额收益。

由于实施积极的价值或动量策略要承受高波动性风险，且职业风险极高，许多资金池对这样的策略望而却步。但是，当出现以下三种情况时，价值和动量溢价的威力将会持续显现：(1）价值投资和动量投资基本上是风险较高的策略；(2）投资者继续受行为偏差的影响；(3）大规模的套利活动成本高昂，难以进行①。

■ 小结

我们在本章探讨了动量投资研究的历史。动量投资研究在早期是一个值得尊敬的研究方向，但在有效市场假说盛行之后，动量投资研究经历了一段黑暗期，近年来，相关的研究在学界有复兴之势。我们接下来探讨了人们对成长型投资的常见误解。成长型投资指的是买入相对于基本面价格较高的股票，动量投资是买入具有相对强势收益的股票。人们认为成长型投资与动量投资一样，但事实并非如此。买入昂贵的股票与买入相对表现强势的股票不一样：一种策略有效时，另一种策略则无效。

① 假设价值和动量溢价的某些要素是由风险导致的，那么，当风险偏好改变时，两种策略的未来收益也可能出现涨落。

此后，我们通过可持续的主动投资框架视角审视了动量投资策略。动量投资策略的超额期望收益是投资者行为偏差和有限套利综合导致的，这合理地支持了长期可持续表现的论点。假设我们已经使你确信，动量投资和价值投资一样，是一种可持续的异象，那么，我们接下来就要探讨将两种特殊的异象结合在一起使用的原因。我们将在下一章讨论所有的投资组合都应当考虑价值和动量相结合的系统的原因。

第四章 为什么所有的价值投资者都需要动量

（动量）在世界各地存在，除了日本。

——尤金·法玛[1]

2008美国金融协会（American Finance Association）访谈

我们发现，动量在日本是成功的。

——克里福德·阿斯尼斯，2011年《投资组合管理期刊》[2]

尽管操作简单，但作为独立的投资策略，一般动量的运行效果是良好的。不过，有人可能会说，动量不会在任何地方都有效，动量“失灵”的一个例子是日本股市，我们以后再详加阐述这个问题。偏爱有效市场假说的学术研究人员达成的一个广泛共识是：证据支持根据动量选股的

① 对尤金·法玛的访谈。美国金融协会，2008年。见网址：www.afajof.org/details/video/2870921/Eugene-Fama-Interview.html，访问时间为2016年2月15日。

② 克里福德·阿斯尼斯：《日本的动量：证明规律的例外》，《投资组合管理期刊》2011年第37卷，第67—75页。

策略已经击败了市场的理念，即使在控制风险之后也是如此。总之，动量有其特殊之处。即使以对有效市场的经验研究而闻名天下的尤金·法玛也认为，动量是有效市场理论面临的最大尴尬，或者用他自己的话说，动量是“首要的异象”①。

■ 动量“神话”

然而，动量“并非真实存在的”这一神话持续得到了广泛传播。例如，在2008年美国金融协会的一次例行采访中，金融经济学家理查德·罗尔（Richard Roll）与“金融经济学家之王”尤金·法玛进行了面对面的交流。罗尔和法玛就所谓的价值溢价进行了热烈的讨论，讨论最终因这一问题陷入了僵局：廉价股的超额回报是对额外风险的补偿还是对错误定价的补偿。接着罗尔教授提出了关于动量溢价的同一“棘手”问题，法玛勉强回应说，动量效应在全球股市中普遍存在，但他马上又补充说，日本股市似乎不受动量的影响。罗尔以嘲讽的语气说，也许日本投资者“更加理性”。法玛则轻笑了几声后表示，他希望日本投资者根据动量选择股票导致的糟糕结果是动量结果规律的体现，而且他希望不符合这一规律的例外只是数据疏浚（data dredging）的结果。②

① 尤金·法玛和肯尼斯·弗伦奇：《解析异象》，《金融经济学期刊》2008年第63卷，第1653—1678页。

② 实际上，对一般动量策略的简单改进凸显了日本股市的动量效应。见丹尼斯·查卫斯（Denis Chaves）于2012年发表的《我发现了！动量策略在日本也有效！》（*Eureka! A Momentum Strategy that also Works in Japan*），SSRN工作论文。见网址：papers.ssrn.com/sol3/papers.cfm?abstract_id=1982100，访问时间为2016年1月15日。

■ 阿斯尼斯分清了事实和虚构

但并非所有人都对罗尔和法玛之间的高水平对话感到满意。芝加哥大学金融学博士、AQR资本管理公司的创始人，也曾师从法玛的克里福德·阿斯尼斯就对EMH派很不感冒。也许阿斯尼斯观看了法玛和罗尔之间的对话，因为几年后，也就是2011年，他在《投资组合管理期刊》上发表了一篇名为《日本的动量：证明规律的例外》（*Momentum in Japan: The Exception that Proves the Rule*）的文章。

阿斯尼斯的论文提出了一个与动量有关的简单却奥妙的观点。若孤立地看日本的一般性动量策略，则动量似乎是无效的。然而，阿斯尼斯指出，要把动量策略置于投资组合背景下进行评估，这样不仅可以确定单独投资的价值，还能了解投资组合带来的潜在多元化好处。例如，当我们对股市上持续购买三个月看跌期权的策略进行评估时，我们得到的结论是该策略的回报为负，且波动性极大。然而这样的结论并不意味着看跌期权的定价无效率，只有当我们评估看跌期权如何在投资组合背景下变化时，我们才能得出这样的结论。通过投资组合的镜头观察可知，看跌期权提供了令人难以置信的多元化好处（即保险），这样投资者乐意买入看跌期权并承受负预期回报的原因就显而易见了。

与看跌期权形成鲜明对照的是，动量选股策略不会提供如保险一样的多元化好处，但它能击出有力的一拳，因为它能影响整体的多元化。例如，多头动量策略与广泛的股市并不完全相关，而且与经典的价值策略的相关性也比较低。当动量策略与价值策略汇集在一起时，这些特征都使得动量策略非常适用于投资组合环境中。

阿斯尼斯根据上述推理表明，日本投资者关注的是最大化他们投资组合的预期风险调整后收益，因此他们总会在动量策略中投入大量的投资组合。这是了不起的见解，阿斯尼斯在论文进行了明确的阐述，但他撰文的目的是尽力突出动量在日本市场上的宝贵作用。对阿斯尼斯的研究结果进行深入的探查可发现，他的分析针对的是日本的多头/空头投资组合，这并不是许多长期投资者部署的典型投资组合。这些多头/空头投资组合会受动量的影响，因为动量投资的空头部分会恶化多头动量投资组合的表现。阿斯尼斯并不关注多头的结果，但我们可以通过运用表4.1中所示的更为传统的多头投资组合来重复和拓展他的分析。在此分析中，我们使用了AQR的数据展示了日本多头动量投资组合的结果。[①]日本指数为MSCI日本总回报指数（MSCI Japan Total Return Index），包含了1982年1月1日至2014年12月31日间的收益数据。所有的收益都是总回报，包含了分配（如股息）的再投资。结果中包含费用。

多头动量投资组合显然是有效的，其收益率大幅高于日本指数。这一结果并不令人意外，根据研究人员对可获得的长时段数据集的分析来看，动量几乎在各种背景下都起作用。我们清楚阿斯尼斯侧重于研究多头/空头投资组合的原因，但其关注点会使投资者感到困惑，使问题更加不明晰。现实是，一般的多头动量投资组合在日本是奏效的。阿斯尼斯还提出了一个出色的观点，即投资者应当喜欢多头/空头动量敞口，特别是与多头/空头价值敞口结合时。

---

①《价值和动量无处不在：投资组合月报》（*Value and Momentum Everywhere: Portfolios, Monthly*），AQR资本管理公司，2016年1月31日。见网址：www.aqr.com/library/data-sets/value-and-momentum-everywhere-portfolios-monthly，访问时间为2016年2月15日。

表4.1 日本股市表现（1982—2014年）

	日本动量股投资组合	日本指数
CAGR	5.82%	3.81%
标准差	23.10%	19.37%
下行偏差	13.57%	12.84%
夏普比率	0.18	0.08
索提诺比率（MAR= 5%）	0.24	0.05
最大回撤率	−65.95%	−68.83%
最差月收益	−21.88%	−21.06%
最佳月收益	22.99%	19.97%
盈利月占比	55.05%	53.54%

我们将在本章接下来的内容中深入探讨阿斯尼斯提出的将价值和动量风险敞口相结合的思想（重点是多头投资组合产生的结果而非多头/空头投资组合产生的结果）。看到事实证据后，我认为理性的投资者会同意：投资者能够从动量中获益，而且，最不可能接受动量的价值投资者，也能实实在在地从动量中获益。正如阿斯尼斯发表的论文的标题所强调的，对日本股市动量的深入分析不仅不会阻碍动量，反而突出了其有效性。

■ 用动量开拓你的眼界

现代投资组合理论解释了投资者如何运用数学技巧，形成既定风险水平下预期回报最高的投资组合，而且最著名的理论副产品是资本资产定价模型（the Capital Asset Pricing Model，CAPM）。费希尔·布莱克（Fischer Black）曾这样描述道：“（理论）是正确的，但在现实中行不通。”①我们每年都向金融专业的学生们传授这一模型，它是很棒的学习工具。只要在电脑中输入期望收益向量和与一套资产或证券有关的协方差矩阵，你就能得到所谓的最优投资组合权重，它们能使既定风险水平下的期望收益最大化。如所有具有后见之明的事情一样，从当代投资组合理论中学到的教训似乎很简单。然而，哈里·马科维茨（Harry Markowitz）凭借其在最优投资组合选择的原创性论文中的基本分析获得了诺贝尔经济学奖。

尽管包括我们在内的一些学者和从业者经常怒气冲冲地抱怨说，人们应当对复杂的投资组合优化理论持质疑态度，但奠定当代投资组合理论的核心思想对制定成功的投资计划至关重要。人们要知道何时采纳某些思想，何时弃之不用。现代投资组合理论的妙处或者说核心命题是均值方差（MV）边界，通常也被称为效率边界。MV边界以可用的因素（期望收益和不同资产的协方差矩阵）绘制出风险和投资者可获得的回报的最佳预期组合，在此过程中，投资者要调整不同资产的权重，风险和回报的最佳预期组合也相应发生变化。考虑到可用的“原料”，我们可将MV边界想象成能让投资者获得最大回报并承受最低风险的最佳配方。

为了展示如何在实践中运用现代投资组合理论，我们以肯·弗伦奇的价值和动量投资组合数据②考察了4种投资组合1927—2014年间的收益

① 对法玛的访谈。

② 肯尼斯·弗伦奇：《当前研究成果》（*Current Research Returns*），见网址：mba.tuck.dartmouth.edu/pages /faculty/ken.french/data_library.html，访问时间为2016年2月15日。动量股是过去2—12个月的动量排名前10%的股票形成的投资组合；价值股是账面市值比排名前10%的股票形成的投资组合。

和标准差。这些投资组合的描述如下所示：

- SP500为标普500总回报指数。
- 价值投资组合（VALUE）为净值市价比排名前10%的股票以市值加权法构建的投资组合。
- 动量投资组合（MOM）为过去2—12月动量排名前10%的股票以市值加权法构建的投资组合。
- LTR为美林（Merrill Lynch）7至10年期的政府债券指数（Government Bond Index），与伊博森（Ibbotson）的《股票、债券、票据和通货膨胀年鉴》（*Stocks, Bonds, Bills, and Inflation Yearbook*）中的数据进行了整合。

我们根据期望收益（历史收益率的样本均值）和协方差矩阵来绘制效率边界。结果中包含管理费用和交易成本，所有收益均为总回报，并包含分配（如股息）的再投资。我们施加了卖空约束，这样任何资产的权重都不会成为负数。为了突出MV边界，我们在图4.1中只允许在标普500指数和美国国债的投资中运用优化法。

1927年至2014年期间，国内股票（标普500指数）具有相对较高的期望收益率和标准差，而国内价值股（VALUE）和动量股（MOM）具有较高的期望收益率，但波动率也极高。长期债券（LTR）的标准差最低，但其收益率也相对较低。

从投资者能够巧妙地将普通股和债券结合起来并利用多元化的好处这个意义上说，现代投资组合是“有效”的。我们可以通过均值方差（MV）

边界（即虚线）来展示这一结论，即长期债券投资组合和标普500之间的那段“曲线”，它展示了多元化的好处，能让一个投资组合在期望收益既定时实现较低的标准差。

在理想的世界中，我们可以找到能够扩大MV边界并在风险既定的情况下为更高的期望收益创造机会的投资组合。也许违反直觉，但增加高波动性的资产，如价值股和动量股，能够扩大MV边界，只不过前提是，新添加的组合导致的波动性与组合内已有的其他资产无关联。

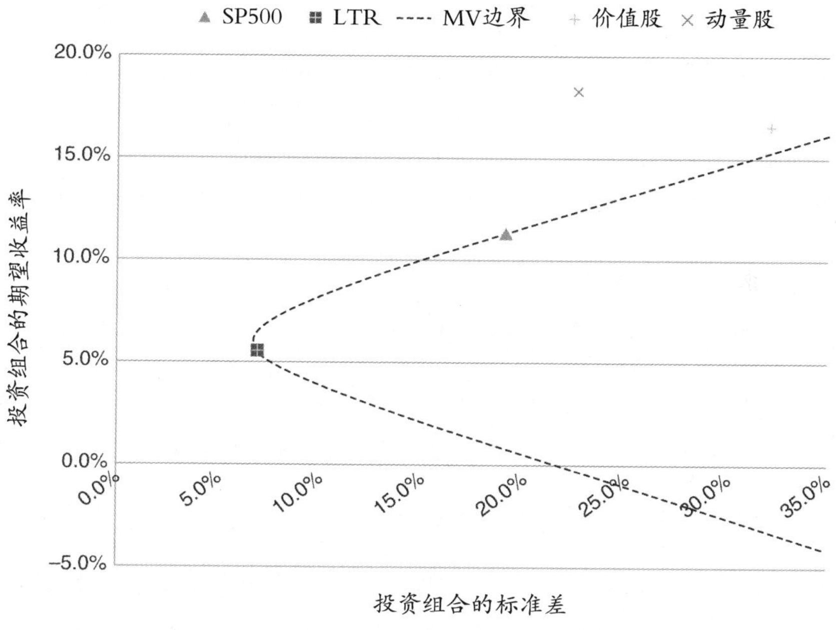

图4.1 现代投资组合理论（1927—2014年）

为了进一步探讨这一概念，我们不仅在标普500指数和债券投资中运用均值—方差优化法，还对价值和动量这两个股票投资组合运用这一优化法。表4.2列出了从1927年至2014年间被动投资和一般的价值和动量证券投资策略各自的特征。

表4.2 不同类别资产的历史结果（1927—2014年）

	标普500	价值股	动量股	LTR
CAGR	9.95%	12.41%	16.85%	5.45%
标准差	19.09%	31.92%	22.61%	6.92%
下行偏差	14.22%	21.34%	16.71%	4.43%
夏普比率	0.41	0.41	0.66	0.31
索提诺比率（MAR= 5%）	0.45	0.54	0.79	0.12
最大回撤率	−84.59%	−91.67%	−76.95%	−20.97%
最差月收益	−28.73%	−43.98%	−28.52%	−8.41%
最佳月收益	41.65%	98.65%	28.88%	15.23%
盈利月占比	61.74%	60.51%	63.16%	63.35%

价值和动量投资的回报带来的好处能否抵消其极端的波动性？为了回答这个问题，图4.2显示了增加动量投资者和价值投资者后MV边界变化。

结果令人惊讶。当我们将均值—方差优化法运用于价值组合时，MV的边界扩展了。风险水平（由横轴上的标准差衡量）既定的情况下，包含价值股的投资组合的期望收益率更高。但是，当我们纳入动量股时，MV边界大幅扩张了。请注意，标准差既定时，既包含价值股又包含动量股的投资组合的期望收益率大大提高。值得注意的是，此时选股优化器推荐的分配给被动指数的权重为零，这表明，一个包含债券和多头价值股和动量股的组合具有多方面的优势，而只包含被动指数股票的组合（即标普500股）只具有部分优势。在各个风险水平上（以标准差衡量），动量股和价值股都大幅扩大了投资机会集。这表明，不管风险承受能力如何，投资者都能通过调整动量股和价值股以及普通股的配置来促进他们对期望风险和收益的权衡。

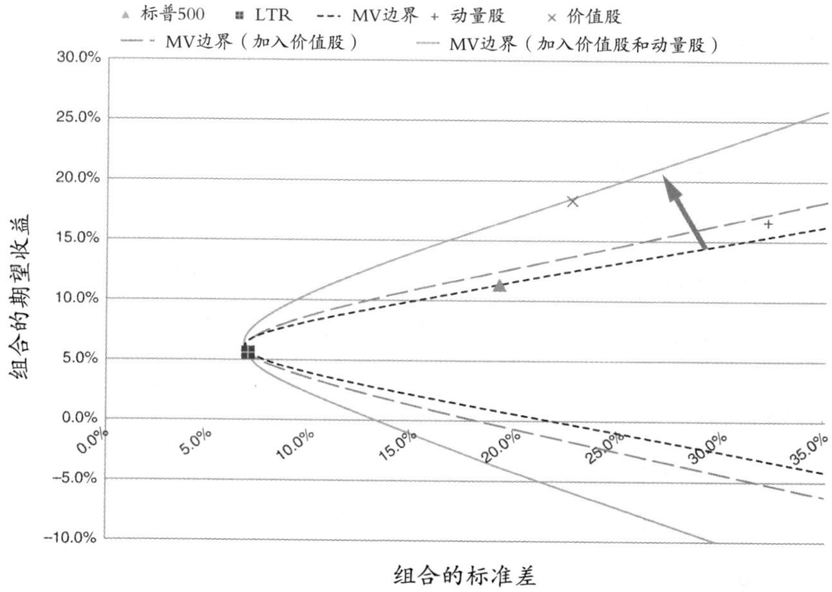

图4.2 考虑动量的现代组合理论

■ 将价值股和动量股相结合

> "……价值股和动量股彼此负相关，无论是在同一类资产还是在不同类资产中均是如此。"
>
> ——阿斯尼斯、莫斯科维奇和佩德森[1]

① 克里福德·阿斯尼斯、托比亚斯·莫斯科维奇和拉瑟·佩德森：《无处不在的价值和动量》，《金融学期刊》2013年第68卷第3期，第929—985页。

克里福德·阿斯尼斯、托比亚斯·莫斯科维奇和拉瑟·佩德森于2013年发表了一篇名为《无处不在的价值和动量》的优秀论文。该论文指出了一种有趣但并非完全出人意料的现象，即价值和动量溢价存在于各个市场，包括：

- 美国股市
- 英国股市
- 欧洲股市
- 日本股市
- 货币
- 固定收益
- 大宗商品

我们使用他们的数据更新了原始研究报告中的分析，并将结果进行汇总（如表4.3和4.4所示）。[①] 我们研究了1982年至2014年间美国、英国、欧洲和日本这四个最大的股票市场的多头投资组合结果。我们也可以获得某些市场的早期数据，但为了做精准的比较，我们的分析聚焦于所有市场数据均可获得的时期。

首先，动量结果如表4.3所示。

① 克里福德·阿斯尼斯、托比亚斯·莫斯科维奇和拉瑟·佩德森：《无处不在的价值和动量》，《金融学期刊》2013年第68卷第3期，第929—985页。

表4.3 动量表现（1982—2014年）

	美国动量	英国动量	欧洲动量	日本动量
CAGR	13.75%	13.69%	14.88%	5.82%
标准差	17.14%	19.84%	19.13%	23.10%
下行偏差	13.02%	14.11%	13.93%	13.57%
夏普比率	0.60	0.54	0.61	0.18
索提诺比率（MAR= 5%）	0.73	0.70	0.77	0.24
最大回撤率	−48.31%	−60.71%	−54.92%	−65.95%
最差月收益	−23.89%	−27.16%	−18.95%	−21.88%
最佳月收益	17.65%	16.44%	18.56%	22.99%
盈利月占比	65.66%	60.35%	64.90%	55.05%

接下来，价值表现如表4.4所示。

表4.4 价值表现（1982—2014年）

	美国价值	英国价值	欧洲价值	日本价值
CAGR	12.79%	12.59%	15.09%	11.11%
标准差	15.55%	20.02%	19.27%	21.67%
下行偏差	11.88%	12.87%	14.06%	11.91%
夏普比率	0.59	0.49	0.62	0.40
索提诺比率（MAR= 5%）	0.70	0.69	0.78	0.66
最大回撤率	−49.80%	−54.65%	−55.30%	−41.35%
最差月收益	−18.45%	−21.02%	−21.78%	−15.34%
最佳月收益	15.40%	19.22%	18.04%	28.88%
盈利月占比	66.16%	58.08%	64.65%	55.05%

某些情况下，同一时期内的美国股票指数（标普500总回报指数）的复合年均增长率为11.96%，英国股票指数的复合年均增长率为9.60%，日本股票指数的复合年均增长率为3.81%。[①]

当人们观察到一些无法解释的现象时，他们会说："背后肯定有神奇的因素"，确实，上述结果显示，价值和动量效应背后有神奇的力量。在所有股市上，价值股的表现都很抢眼，动量股的表现也很出色。我们认为，额外的风险可解释一部分原因，但该结果体现了本书一开始就强调的可持续主动投资框架。价值股和动量股的超额收益归功于受行为偏差影响的市场参与者，他们创造了错误定价机会。这些错误定价机会持续存在，因为很难通过无风险的套利交易活动来利用这些策略创造的投机机会。

但价值和动量在各种资产和各个时间段内起作用的证据并不都是新的，这是阿斯尼斯等人的论文得出的独到结论，而且我们在前一节介绍现代资产理论时就指出，他们探索了将价值投资策略和动量投资策略相结合、作为一个系统运用的出色表现。

从表4.5中我们能够看出价值和动量作为一个系统运行的出色结果。全球价值股和动量股投资组合的相关性对多头投资组合而言是低的。

为了突出价值和动量的运行机制，我们看看50%的价值投资和50%的动量投资的综合投资表现情况，假定每个月会对该综合投资组合进行再平衡配置。表4.6中列出了1982年至2014年间价值和动量综合投资的汇总统计结果。

① 除非另有说明，否则被动基准指的是各个市场的MSCI总回报指数。欧洲指数的数据始于1999年，因此我们没有列出该市场1982—2014年的收益数据。1999—2014年间，欧洲价值组合的复合年均增长率为9.17%，欧洲动量组合的复合年均增长率为8.93%，欧洲指数的复合年均增长率为4.13%。

风险调整后的统计数据均略有改善，如全球性价值和动量（简写为全球性V/M）数据所示。但概括性的统计数据并不能反映各组成部分对改善的贡献度。例如，从长期来看，价值投资表现不错，一些投资者能够忍受5年的表现不佳，坚定不移地支持价值投资策略，但对于大多数投资者来说，拥有这样的毅力是不现实的。动量投资组合也是如此，它可能在很长一段时间内维持极为糟糕的表现。值得庆幸的是，我们可以将价值和动量结合起来，形成一种独立的综合投资策略，以此来减轻单独实施某一种策略可能忍受的煎熬。

表4.5 价值和动量的相关性

	美国价值	英国价值	欧洲价值	日本价值
美国价值股	71%	56%	57%	26%
英国价值股	53%	79%	63%	33%
欧洲价值股	55%	65%	84%	41%
日本价值股	29%	40%	41%	75%

表4.6 价值和动量综合投资组合

	美国价值	英国价值	欧洲价值	日本价值	全球性V/M
CAGR	13.49%	13.37%	15.15%	8.76%	13.29%
标准差	15.14%	18.86%	18.43%	20.95%	15.08%
下行偏差	11.60%	12.93%	13.72%	11.88%	11.20%
夏普比率	0.64	0.54	0.64	0.31	0.63
索提诺比率（MAR= 5%）	0.77	0.73	0.79	0.47	0.78
最大回撤率	−48.95%	−57.66%	−55.04%	−47.36%	−49.72%
最差月收益	−20.88%	−24.09%	−20.13%	−18.44%	−17.75%
最佳月收益	13.32%	16.74%	15.62%	25.24%	11.83%
盈利月占比	64.90%	61.87%	64.14%	54.29%	63.64%

为了评估价值和动量综合投资组合缓解长期表现痛苦的能力，我们研究了价值和动量综合投资组合、单独动量投资组合和单独价值投资组合的5年期复合年均增长率与被动基准之间的差距。结果如图4.3至图4.7所示。

我们先来看看美国的情形（如图4.3所示）。图中显示的是1986年至2014年的差距结果。这里价值投资组合和动量投资组合的构建与阿斯尼斯等人在论文中描述的相同。在五年的周期内，当价值投资组合和动量投资组合表现低于基准时，它们各自与基准的差距在多处出现了延伸。综合投资在五年周期内也有表现不佳的时候，但大部分时间里都紧贴长期趋势线。下面我们来看看同期内英国的情况（如图4.4所示）。价值投资组合和动量投资组合的表现在各个五年期内可能低于基准，但综合投资

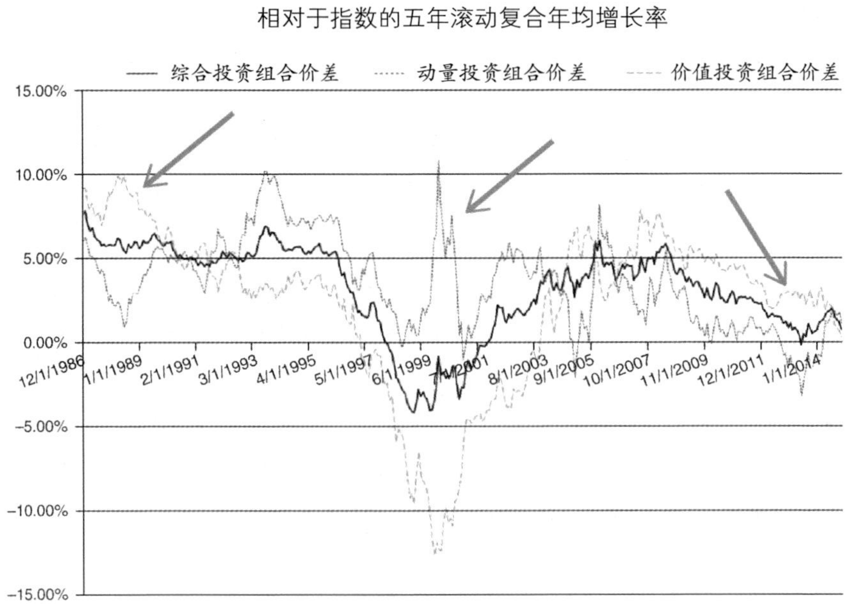

图4.3 美国五年滚动价差

组合与基准的差距可能是最小的。由于被动指数数据的限制，图4.5所示的是欧洲2003年至2014年间各组合与基准的差距状况。与之前的分析类似，价值和动量的结合使得投资者在各个5年周期内，特别是在最近期间，获得了更为平滑的增长率。

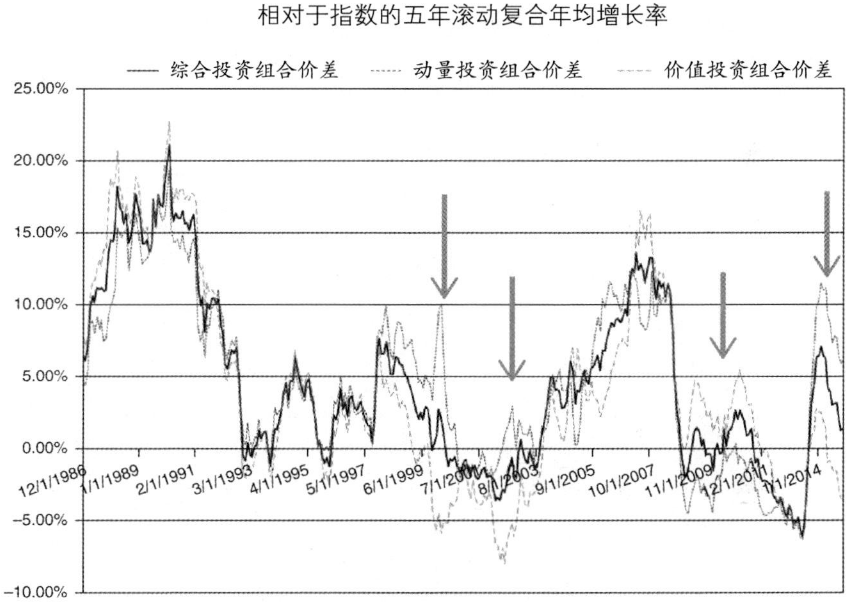

图4.4　英国五年滚动价差

我们再来看看日本1986年至2014年间的情形（如图4.6所示）。在此期间，价值投资为王，动量投资其次。即使在日本，综合投资也利用了价值投资和动量投资之间那天然的阴阳关系，从而创造出了稳健的长期积极资产配置。

最后，我们评估全球性的价值和动量综合投资组合并将其与全球价值组合、全球动量组合、全球指数组合进行比较（如图4.7所示）。分析期间为1986年至2014年，而且该分析凸显出，将价值和动量相结合（作为一个系统发挥作用），给积极的投资者提供了一个能在长期击败被动基准的合理方法。[①]

有证据表明，将价值股和动量股综合为一个投资组合的混合策略，能够防止仅选择价值组合的投资者或仅选择动量组合的投资者遭受长期的糟糕表现损失。当然，这样的策略并不能消除所有的痛苦，投资者必须意识到，即使手握全球多元化的价值和动量股投资组合，他们也需要忍受持久的波动和表现不佳带来的痛苦。

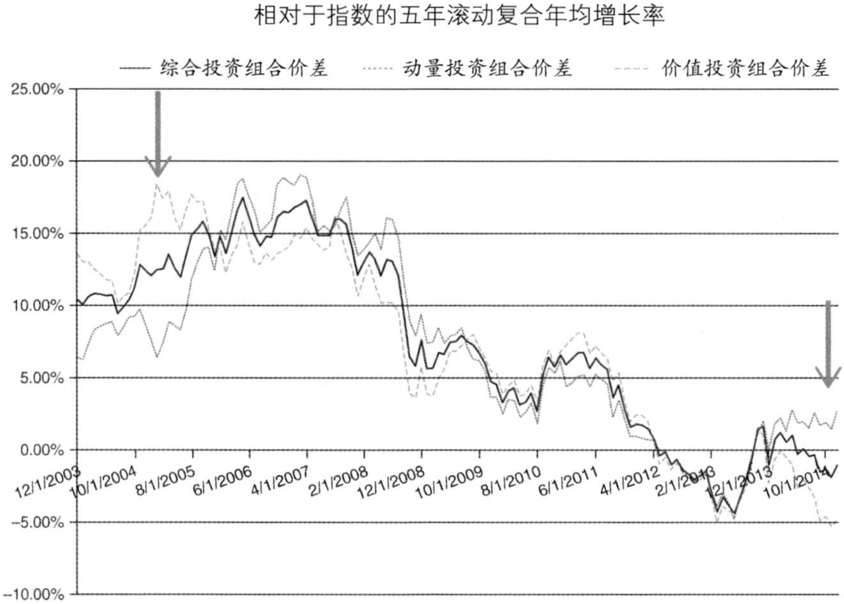

图4.5 欧洲五年滚动价差

① 全球价值组合是美国、英国、欧洲和日本价值组合的等权重组合。全球动量组合的构建方法与全球价值组合一样。全球价值和动量综合组合是全球价值和全球动量组合的等权重组合。

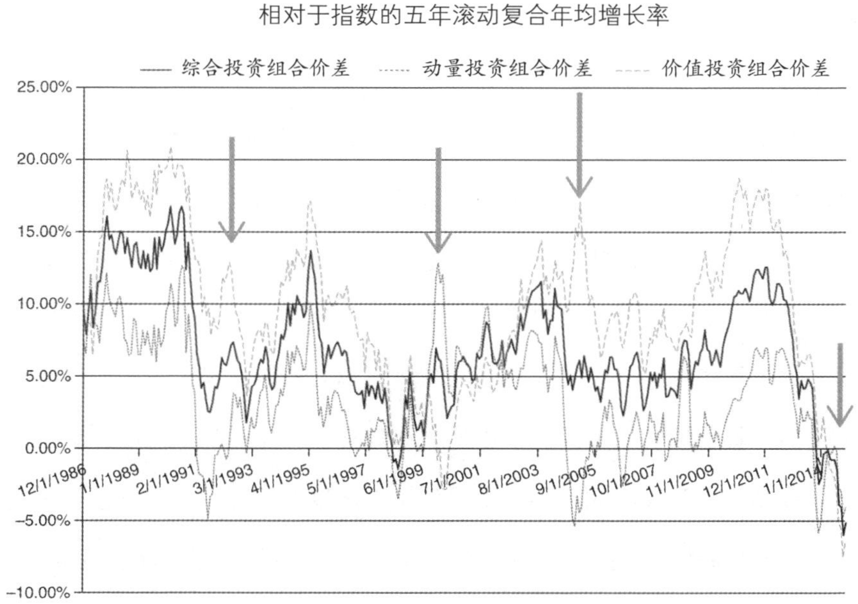

图4.6　日本五年滚动价差

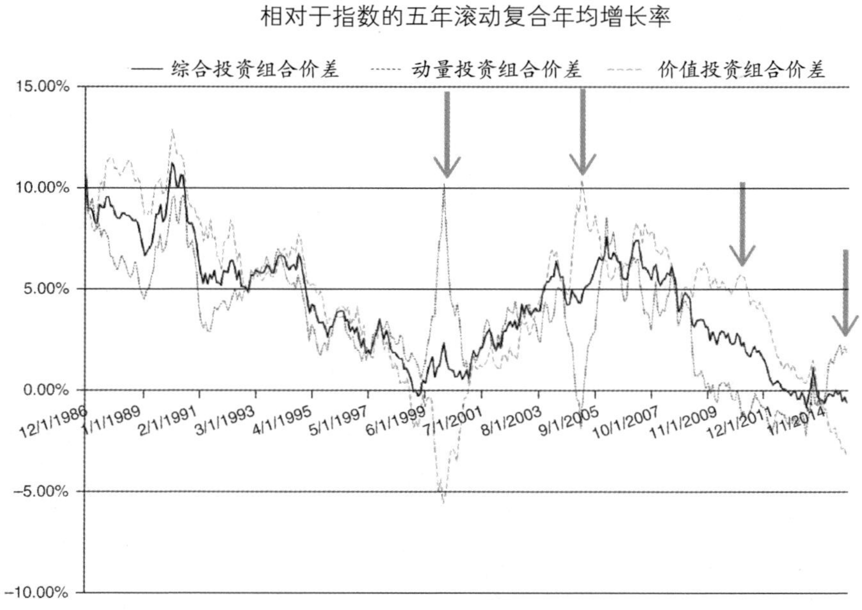

图4.7　全球五年滚动价差

■ 小结

我们在本章中描述了将价值投资信条和动量投资信条相结合的好处。两种投资策略各有所长，但结合两种策略确实能凸显出价值和动量的优势。我们发现，价值和动量在全球范围内的相关性较低，这样，全球性的价值和动量综合投资策略为目光长远的主动投资者在长期跑赢消极市场资本加权指数提供了一个可能的解决方案。到目前为止，我们已经完成了对一般价值和动量风险策略的所有分析，而且这些方面已在学术文献中得到了较为详尽的介绍，也得到了学术界的理解。在本书接下来的内容中，我们将仔细探究如何在逻辑和经验层面改进一般的动量策略。

QUANTITATIVE MOMENTUM

第二部分

构建基于动量的选股模型

第一部分解释了为什么说动量可能是一种可持续的选股工具。讨论的结果是运用一般的动量策略，即根据过去12个月（跳过最后一个月或最近一个月）的收益选定最强势的股票形成投资组合。尽管一般的动量策略是有效的，但顾名思义，这种动量策略是最基本的形式。在第二部分，我们深入挖掘有关选股动量的研究并描述如何构建量化动量，这是捕捉动量溢价的有效方法。第五章“制定动量策略的基础”概述了一般动量投资的基础知识。第六章“最大化动量：路径很重要”解释了如何通过分析路径依赖来辨别一般的动量策略。第七章“动量投资者要了解动量的季节性”讨论了动量投资的季节性因素。在第八章“量化动量击败市场”中，我们综合以前的发现，详细描述了量化动量策略，并对历史数据进行了详细的剖析。最后，在第九章“使动量在实践中发挥作用”中，我们介绍了使动量投资策略在实践中生效的方法。

第五章　制定动量策略的基础

> 我认为，金融市场总是错误的……
>
> ——乔治·索罗斯，
>
> 《金融炼金术》（*The Alchemy of Finance*）[①]

本书第一部分向我们传递的一个核心信息是，所有投资者都应该考虑动量。最大的悖论是，忠诚的价值投资者，也就是那些最不可能在实际中采用动量方法的人，通过在价值投资组合中补充动量投资组合能够获得最大的收益。这可能是最好的结果，也是价值和动量相结合，作为一个系统发挥作用、持续提供期望的长期组合好处的原因：每一种投资信条都太严格了，因此接受不一致的思想很缓慢。但如果我们已经通过信奉价值信条还是动量信条的争论，至少引起了坚定的价值投资者对动

① 乔治·索罗斯：《金融炼金术》，约翰威利出版有限公司（霍博肯）2003年出版，第5页。

量信条的好奇心，那么现在是时候着手设计能在实践中运用的动量方法了。为了解决这一问题，我们将本章内容分解为如下部分：

- 如何计算一般动量；
- 描述回溯期如何影响动量；
- 描述投资组合构建如何影响动量。

本章余下的内容将详细介绍上述每一个步骤。

▪ 如何计算一般动量

如何衡量一只股票的“动量”呢？最简单的方法是计算这只股票在某个特定的回溯期（如过去12个月）内的总回报（包括股息）。

用苹果公司2014年的股票总回报数据为例展示这一方法。这里我们计算的是过去12个月内（回溯期）苹果股票的累积收益。为此，我们先获得每个月的净收益率，然后将它们加1得到总回报。也就是说，如果苹果1月份的净收益率为−10.77%，那么，苹果公司1月份的总回报率就为0.8923（−0.1077+1）。

接下来，我们将所有的总回报率（月度）相乘并减去1，就获得了累积的12个月净收益。例如，根据从苹果公司获得的数据，2014年12月份苹果股票的累积收益率（动量值，见表5.1）计算公式为：

$$(0.8923\times1.0575\times1.0200\times1.0994\times1.0787\times1.0277\times1.0287\times1.0775\times0.9829\times1.0720\times1.1060\times0.9281)-1=40.62\%$$

显然，2014年苹果股票的表现相当不错。对比一下大盘就清楚这一点了，2014年大盘才上涨了13.46%。可针对不同的回溯期做类似的计算，例如最后一个月的总回报率为−7.19%（即上个月的收益率）。可对任一回溯期做类似的计算，例如表5.1所示的3个月、36个月，甚至是过去的五年（即60个月）。具有价格收益流的任何股票都可进行此类计算。现在我们已经知道如何计算特定时段的一般动量了，我们接下来审视回溯期对动量的重要影响。

表5.1 苹果股票的12个月动量

	股票收益率	1+收益率	动量
2014−01−31	−10.77%	0.8923	
2014−02−28	5.75%	1.0575	
2014−03−31	2.00%	1.0200	
2014−04−30	9.94%	1.0994	
2014−05−30	7.87%	1.0787	
2014−06−30	2.77%	1.0277	
2014−07−31	2.87%	1.0287	
2014−08−29	7.75%	1.0775	
2014−09−30	−1.71%	0.9829	
2014−10−31	7.20%	1.0720	
2014−11−28	10.60%	1.1060	
2014−12−31	−7.19%	0.9281	40.62%

■ 三种类型的动量

在本节中，我们选的回溯期时长不同会对动量指标有不同的影响。学术研究人员已经深入探讨过这一主题了，根据相关文献，我们总结出了三种重要的动量：

1. 短期动量（如1个月的回溯期）;
2. 长期动量（如五年或60个月的回溯期）;
3. 中期动量（如12个月的回溯期）。

我们刻意将中期动量放到了最后，因为它是本书其余部分关注的动量。

短期动量

我们将短期动量界定为1个月（至多）内形成的动量。1990年发表的两篇学术论文曾探讨过短期动量主题。

在第一篇论文中，布鲁斯·雷曼（Bruce Lehman）以1962—1986年的样本数据研究了上一周（回溯期）的股票收益率如何影响下一周的收益率。他在这篇题为《跟风、鞅和市场效率》[①]（*Fads, Martingales, and Market Efficiency*）的论文中指出，上周收益率为正的证券投资组合（赢家），其下周的收益率往往为负（每周的平均收益率在−0.35%至−0.55%之间）。而上周收益率为负的股票（输家），其下周的收益率往往为正（每周的平

① 布鲁斯·雷曼：《跟风、鞅和市场效率》,《经济学季刊》（The Quarterly Journal of Economics）1990年第105卷，第1—28页。

均收益率在−0.86%至−1.24%之间）。这种收益的短期反转难以用有效市场假说进行解释。

第二篇论文的作者是纳拉西曼·杰加德什，他检验了1934年至1987年样本期间股票的月度收益率之间的影响。他在这篇题为《证券收益可预测的依据》（*Evidence of Predictable Behavior of Security Returns*）①的论文中指出了类似的收益反转现象：上个月的赢家是下个月的输家，反之亦然。而且这种假说（给股票做特定分类来检验随后收益率的差距）的效应显著。前一个月的赢家，其下个月的平均收益率为−1.38%，而前一个月的输家，其下个月的平均收益率为1.11%。两种投资组合间的收益率相差2.49个百分点，这也很难用有效市场假说解释清楚。

我们运用达特茅斯学院教授肯尼斯·弗伦奇提供的数据，②检验了1927年1月1日至2014年12月31日间的短期输家组合（短期收益率排名后10%的个股、市值加权收益率）的月度收益率、短期赢家组合（短期收益率排名后10%的个股、市值加权收益率）的月度收益率、标普500总回报指数以及无风险收益率（90天国库券）。短期的过去表现以前一个月的表现衡量，结果如表5.2所示。所有的收益均为总回报，并包含了分红（如股息）的再投资。结果中包含费用。

这些数据证实了这一理论：短期反转效应确实存在，而且有很长的时期内存在。从表5.2中我们可以发现，1927年至2014年期间，月度之间的收益反转——上个月收益最差的（短期输家）月度再平衡股票投资组

① 纳拉西曼·杰加德什：《证券收益可预测的依据》，《金融学期刊》，1990年第45卷，第881—898页。

② 见网址：mba.tuck.dartmouth.edu/pages/faculty/ken.french/data_library.html，访问时间为2016年2月22日。

合实现了13.46%的复合年均增长率，而上个月收益最佳的（短期赢家）月度再平衡股票投资组合仅实现了3.21%的复合年均增长率。上个月赢家的收益率甚至低于无风险收益率。图5.1形象地描绘了短期输家组合相对于短期赢家组合的卓越表现。

但证据还不止这些，除了这两篇早期的论文外，最近的一些文献探究了更复杂、更细致的同类思想。[①] 它们得出的关键结论是相同的：之前短期内的赢家是之后短期内的输家，而之前短期内的输家是之后短期内的赢家。总体而言，在计算短期动量时，可以预计收益在未来的短期内会出现反转。

表5.2　短期动量组合收益（1927—2014年）

	短期输家	短期赢家	标普500	无风险
CAGR	13.46%	3.21%	9.95%	3.46%
标准差	29.60%	24.18%	19.09%	0.88%
下行偏差	20.36%	16.83%	14.22%	0.48%
夏普比率	0.46	0.11	0.41	0.00
索提诺比率（MAR= 5%）	0.59	0.06	0.45	−3.34
最大回撤率	−81.48%	−94.31%	−84.59%	−0.09%
最差月收益	−32.66%	−31.27%	−28.73%	−0.06%
最佳月收益	55.85%	63.65%	41.65%	1.35%
盈利月占比	60.13%	56.06%	61.74%	98.01%

① Zhi Da、Qianqui Liu和恩斯特·绍姆堡（Erst Schaumburg）:《对短期收益反转的进一步探讨》（A Closer Look at the Short-Term Return Reversal），《管理科学》（Management Science）2014年第60卷，第658—674页。

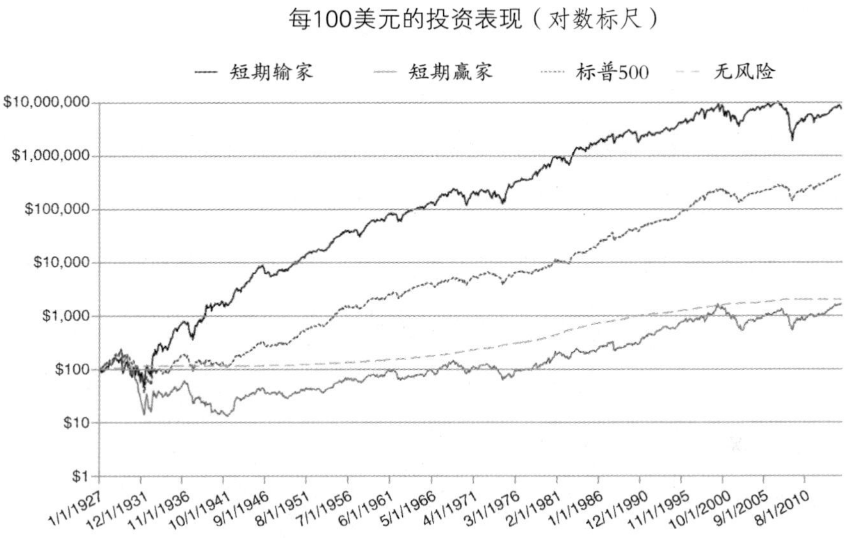

图5.1 短期动量组合收益

长期动量

衡量动量的另一种方法是运用更长的回溯期来评估表现。沃纳·德邦特（Werner DeBondt）和理查德·泰勒在《股市反应过度了吗？》（*Does the Stock Market Overreact?*）一文中探讨了这一概念。[①] 这篇文章考察了过去长时期内的赢家和输家未来获得收益的状况，其中赢家和输家是按三至五年（回溯期）的动量确定的。他们第一次测试的样本期间是1933年至1980年，追踪了36个月的回溯期的赢家和输家组合的收益。结果显示，在未来的三年内，过去输家的表现比过去的赢家高出24.6个百分点，二者间的差距非常大。

他们运用同样的方法考察了过去五年中的赢家和输家。从未来五年

① 沃纳·德邦特和理查德·泰勒：《股市反应过度了吗？》，《金融学期刊》1985年第40卷，第193—205页。

的收益率来看，过去的输家高于过去的赢家31.9个百分点。显然，过去的输家（以长期动量衡量）跑赢了过去的赢家。运用之前筛查短期反转效应的同一套数据，我们考察了1931年1月1日至2014年12月31日的长期输家组合（长期收益率排名后10%的个股、市值加权收益）的收益、长期赢家组合（长期收率排名前10%的个股、市值加权收益）的收益、标普500总回报指数、无风险收益率（90天国库券）。长期的过去表现是按过去五年（60个月）的收益衡量的，而且由于五年的个股收益数据需要，初始日期由1927年变为了1931年。结果如表5.3所示。所有的收益都是总回报，并且包含了分红（如股息）的再投资。结果中包含费用。

表5.3　长期动量组合收益（1931—2014年）

	长期输家	长期赢家	标普500	无风险
CAGR	14.30%	8.59%	10.13%	3.46%
标准差	30.37%	21.95%	18.92%	0.90%
下行偏差	17.98%	16.23%	13.91%	0.47%
夏普比率	0.47	0.33	0.43	0.00
索提诺比率（MAR= 5%）	0.70	0.35	0.46	3.35
最大回撤率	−71.24%	−72.80%	−74.48%	−0.09%
最差月收益	−40.77%	−34.10%	−28.73%	−0.06%
最佳月收益	91.98%	30.74%	41.65%	1.35%
盈利月占比	58.04%	58.83%	61.71%	97.92%

从表5.3我们可以看出长期结果的反转——1931年至2014年间，过去五年内收益最差的月度再平衡股票组合的复合年均增长率为14.30%，而过去五年内收益最佳的月度再平衡股票组合的复合年均增长率为8.59%。图5.2形象地描绘了长期输家组合相对于长期赢家组合的出色表现。

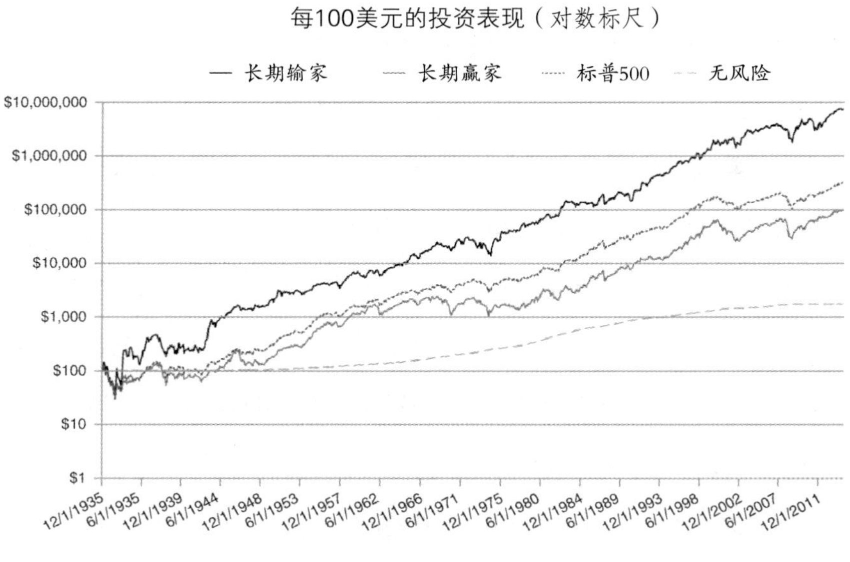

图5.2 长期动量组合收益

相关文献和我们的最新研究结果均表明，长期动量与短期动量相似，会导致未来的收益反转。为什么会出现长期反转效应？这是个令人费解的问题，学术研究人员对此莫衷一是，有的认为根源在于行为偏差，有的认为是增加的风险导致，有的则归因于市场摩擦（如资本利得税）。[①] 接下来我们探讨中期动量，这是体现未来趋势且不会出现反转的一种动量。

① 托马斯·乔治和黄传阳：《长期收益反转：反应过度还是税收所致？》（*Long-Term Return Reversals: Overreaction or Taxes?*），《金融学期刊》2007年第62卷，第2865—2896页。

中期动量

为了检验中期动量，我们按6—12个月（回溯期）的动量构建投资组合。中期动量的结果与短期（例如1个月的回溯期）和长期（例如60个月的回溯期）动量的结果均有不同，后两种动量都出现了收益反转现象。在中期动量中，赢家恒赢，而输家恒输。有关这一主题的最著名的论文是纳拉西曼·杰加德什和施瑞丹·泰特曼于1993年发表的《追涨杀跌的回报：对市场效率的启示》一文。[①] 换句话说就是，如果一只股票过去的表现良好，那么它未来将继续保持良好的表现。

两位作者证明，动量策略（买入过去的赢家，卖出过去的输家）在中期内（3—12个月）表现良好。他们通过构建J月/K月策略来测试这种影响：根据过去J月（回溯期）的总回报选择股票并持有K月（持有期）（J=3、6、9、12；K=3、6、9、12）。

他们的主要发现是，运用中期动量时，收益存在持续性。最好的策略（在他们的论文中）是根据过去12个月的表现选股并持有3个月。未来3个月内，过去的赢家和过去的输家之间的月收益率平均相差1.31%，年价差接近16%。然而，他们发现与中期动量组合相关的超额收益并不持久。例如，在初始形成日之后，持有相同股票的投资组合持续超过12个月时，动量溢价就会消失。这样的结果表明，根据中期窗口期确定且长期持有的动量组合会产生反转效应，这与我们之前讨论的结果相似。杰加德什和泰特曼认为，当市场对有关企业短期前景的信息（如盈余公告）反应不足，

① 纳拉西曼·杰加德什和施瑞丹·泰特曼：《追涨杀跌的回报：对股市效率的启示》，《金融学期刊》1993年第48卷，第65—91页。

但最终对有关长期前景的信息反应过度时，中期动量效应就会出现。

我们运用之前检验短期和长期反转效应的数据检验了1927年1月1日至2014年12月31日期间中期赢家组合（中期收益率排名前10%的个股、市值加权收益）的收益、中期输家组合（中期收益排名后10%的个股、市值加权收益）的收益、标普500总回报指数和无风险收益率（90天国库券）。中期的过去表现根据上一年（忽略最后一个月）的收益衡量。因此，如果我们在2015年12月31日收盘时形成了一个待交易的投资组合，那么我们将计算自2014年12月31日收盘至2015年11月31日收盘期间的总回报，忽略2015年12月的收益（排除短期动量反转效应）。结果见表5.4。所有的收益都是总回报，且包括分配（如股息）的再投资。结果中包含费用。

表5.4　中期动量组合收益（1927—2014年）

	中期赢家	中期输家	标普500	无风险
CAGR	16.86%	−1.48%	9.95%	3.46%
标准差	22.61%	33.92%	19.09%	0.88%
下行偏差	16.71%	21.97%	14.22%	0.48%
夏普比率	0.66	0.02	0.41	0.00
索提诺比率（MAR= 5%）	0.79	−0.05	0.45	−3.34
最大回撤率	−76.95%	−96.95%	−84.59%	−0.09%
最差月收益	−28.52%	−42.26%	−28.73%	−0.06%
最佳月收益	28.88%	93.98%	41.65%	1.35%
盈利月占比	63.16%	51.42%	61.74%	98.01%

表5.4的结果展示了中期收益具有持续性的有力证据——在1927年至2014年样本期间，过去一年里（忽略最后一个月）收益最高的月度再平

衡股票组合的复合年均增长率为16.86%，过去一年里（忽略最后一个月）收益最低的月度再平衡股票组合的复合年均增长率为-1.48%。过去输家（忽略最后一个月）的收益率不仅低于无风险收益率，而且为负值！图5.3形象地描绘了中期赢家组合相对于中期输家组合的优势。

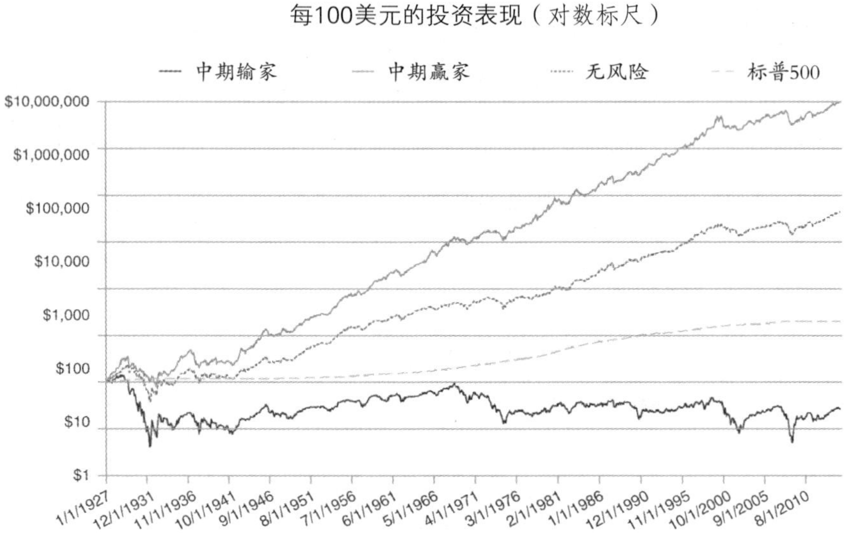

图5.3 中期动量组合的收益

我们的研究结果强调的是，在中期动量基础上形成的投资组合展现出了收益的持续性。在过去中期内表现良好的公司未来会继续表现良好，而表现不佳的公司也会继续表现不佳。但正如我们之前讨论过的那样，当我们只购买并持有中期动量股时，这种“持续”效应就不存在了。我们必须形成投资组合，以便再平衡频率能够捕捉到与该方法相关的超额收益。我们将在下一节探讨投资组合的构建（如再平衡频率和投资组合规模）如何影响中期动量策略的效果。

■ 为什么动量投资组合的构建很重要

杰加德什和泰特曼原始论文的研究结果强调了投资组合构建对动量异象的重要性。两位作者确认，持有期或者再平衡频率显著影响了动量投资组合的表现。一般情况下，不考虑交易成本时，组合再平衡的频率越高，其表现也就越好。在本节中，我们深入探讨投资组合构建如何影响中期动量的效果。由于研究人员认为中期动量是最异常、最有趣的一种动量，因此，它也成了我们本书接下来要重点分析的对象。

我们设计一个实验来评估投资组合构建如何影响中期动量表现。我们考察了500家规模最大的公司在1927年至2014年的样本期内每个月的收益情形。我们先计算出月度动量值，然后得到过去12个月（忽略最后一个月）的累积收益。这种中期动量计算方法与肯尼斯·弗伦奇使用的方法一样，数据来源与之前相同。计算中期动量时忽略了最后一个月的收益是为了去除之前提及的短期反转效应。如果在动量的计算中包含了最后一个月的收益，那么我们会增加度量噪声，降低信号的优势。

回顾之前的苹果股票动量例子（见表5.1），构建如下的动量变量（去除最后一个月的）：

$$(0.8923\times1.0575\times1.0200\times1.0994\times1.0787\times1.0277\times1.0287\times1.0775\times0.9829\times1.0720\times1.1060)-1=51.51\%$$

这一计算方法与表5.1所示的计算方法之间的关键区别是，它去掉了最后一个月的收益（在本例中是12月份的收益）。应该指出的是，无论从经验还是理论视角来看，包含最后一个月的收益都是合理的，并不会显著改变结果（可以在计算动量时纳入最后一个月的收益，得到的结果是相似的）。无论如何，在本书的其余部分，我们计算中期动量时一般都忽略了最近一个月的收益。

在接下来的测试中，我们允许投资组合构建在两个维度上发生变化。首先，我们通过改变投资组合中的企业数量来检验收益状况，投资组合的规模范围为50—300。其次，我们通过改变投资组合形成之后的持有期来检验收益状况，持有期范围为1—12个月。

我们选择的是每个月动量值排名靠前的N家公司。股票数量N可以是50、100、150、200、250或300。包含这些股票的投资组合被持有了T个月。持有期（月数）T的范围为1—12。

持有期超过一个月的投资组合通过创建重叠的投资组合形成。我们可以用持有期为3个月的例子解释重叠的投资组合如何构建。2014年12月31日，我们投入1/3的资金买入了高动量股，这些股票一直留在投资组合中，直到2015年3月31日。2015年1月31日，我们投入另外1/3的资金又买入了高动量股，这些股票在2015年4月30日之前一直留在投资组合内。2015年2月28日，我们利用剩余的1/3资金再次买入了高动量股，这些股票在2015年5月31日前一直留在投资组合中。这样的过程每个月重复一次，因此，从2015年2月28日至2015年3月31日，投资组合收益是最初在2014年12月31日、2015年1月31日和2015年2月28日形成的投资组合中所含的股票产生的收益。形成重叠的投资组合是为了尽量减少季节性的影响。除非另有说明，我们在本书其余部分的分析中均运用持有期超过一个月的重叠投资组合。与计算动量指标时包含或排除最后一个月的收益对结果稳健性的影响类似，是运用“买入和再平衡投资组合”这一更通用的标准还是运用较特别的重叠投资组合形成法都不会使结果产生显著的变化。

我们的分析期间为1927年1月1日至2014年12月31日。所有的结果包含费用，所有的收益均为总回报，包括分配（如股息）的再投资。表5.5提供了市值加权投资组合的复合年均增长率。这里的市值加权指的是，组合中的每一只股票都被赋予一定的“权重”，权重大小由企业规模决定。市值加权法赋予大公司股票较大的权重，赋予小公司股票较小的权重。但值得注意的是，由于我们的研究对象集中于美国最大的500家公司的股票，这使得微型公司股票对投资组合的影响降到了最低。

表5.5 动量投资组合收益：不同持有期和企业数的投资组合

（1927—2014年）

	50只股票投资组合	100只股票投资组合	150只股票投资组合	200只股票投资组合	250只股票投资组合	300只股票投资组合	所有股票（500企业）
持有期为1个月	17.02%	14.40%	13.55%	12.69%	12.07%	11.50%	9.77%
持有期为2个月	16.05%	14.17%	13.23%	12.59%	11.98%	11.43%	9.77%
持有期为3个月	15.15%	13.81%	12.93%	12.25%	11.74%	11.23%	9.77%
持有期为4个月	14.54%	13.53%	12.78%	12.11%	11.63%	11.21%	9.77%
持有期为5个月	14.37%	13.31%	12.62%	12.04%	11.57%	11.17%	9.77%
持有期为6个月	13.93%	13.05%	12.37%	11.88%	11.46%	11.10%	9.77%
持有期为7个月	13.68%	12.80%	12.11%	11.66%	11.33%	10.99%	9.77%
持有期为8个月	13.38%	12.58%	11.89%	11.48%	11.19%	10.90%	9.77%
持有期为9个月	12.94%	12.24%	11.60%	11.23%	11.01%	10.77%	9.77%
持有期为10个月	12.62%	11.93%	11.37%	11.03%	10.85%	10.66%	9.77%
持有期为11个月	12.21%	11.61%	11.12%	10.81%	10.68%	10.52%	9.77%
持有期为12个月	11.78%	11.27%	10.83%	10.58%	10.48%	10.36%	9.77%

从表5.5中可以发现这一明显的趋势：股票数量少、再平衡频率高的投资组合的复合年均增长率（CAGR）比较高。理想的投资组合是高度集中（如50只股票的投资组合）且每月进行再平衡（即持有期为1个月）的。当然，交易成本可能大大影响收益，为解决这一问题，我们可以考察按季度而非月度再平衡的集中动量投资组合（即50只股票的投资组合），这样我们就形成了一个一年交易4次而非12次的投资组合（重叠的投资组合在现实交易中不是必要的）。1927—2014年间，这个集中但再平衡频率较低的投资组合实现了15.15%的复合年均增长率。这一投资组合放弃了大量的收益，但交易量也大大减少了。可以根据交易成本理论（稍后进行讨论）评估月度再平衡导致的较高期望收益和季度再平衡的较低交易成本之间哪个更划算。

由于缺乏交易成本的详细资料，当涉及月度和季度再平衡时，什么样的组合是赢家尚不确定。然而，当我们将其中的任何一个组合与每半年再平衡一次的更多元化的200只股票投资组合进行对比时，投资组合构建之间的差异就变得非常明显了。这种再平衡频率低的"diworsified"组合的复合年均增长率仅为11.88%。这一投资组合和更集中、再平衡频率更高的投资组合之间的复合年均增长率价差在3%以上。当一个动量投资组合一年再平衡一次其持股极为分散时（如300只股票），相对表现会更差。

如果我们假设每次为这些动量策略进行再平衡的全部成本为0.50%，那么50只股票、季度再平衡的投资组合的复合年均增长率会从15.15%降至13.15%（0.50乘以4）。同理，200只股票、半年再平衡一次的投资组合的复合年均增长率会从11.88%降至10.88%（0.50乘以2）。高度集中、再平衡频率高的投资组合仍有2.27%的优势。

上面对交易成本的分析本质上很简单，意在强调这一点：考虑再平衡频率和投资组合集中度带来的好处时，还需要考虑交易成本。有关这一主题的深入讨论，可参见莱斯蒙（Lesmond）、席尔（Schill）和周（Zhou）在2004年发表的论文。他们在这篇论文中声称，在对交易成本做出特殊假设的基础上获得的动量利润是虚假的。[①] 科拉杰克（Korajczyk）和萨德卡（Sadka）也研究了这个问题，但他们还考虑了市场影响成本。两位作者估计，动量策略的适用规模有限，大约为50亿美元。[②] 然而，为回应这篇论文和其他论文，安德烈·弗拉兹尼、罗恩·以色列和托比亚斯·莫斯科维奇发表了一项研究成果。该研究利用从大型资金管理机构AQR获得的超过1万亿美元的实时数据[③] 发现，考虑到交易成本后的动量收益仍是稳健的，而且之前的研究中使用的交易成本估计值可能比真实的交易成本高出了10倍。继弗拉兹尼等人的研究之后，费雪（Fisher）、沙阿（Shah）和泰特曼在2015年发表的论文中也探讨了交易成本问题，他们用2000—2013年间的买卖差价估计值来评估与动量策略有关的交易成本。[④] 他们的研究结果是，他们“对交易成本的估值……通常比弗拉兹尼、以色列和莫斯科维奇的估值高很多，但比莱斯蒙、席尔和周及科拉杰克和

---

① 大卫·莱斯蒙（David A. Lesmond）、迈克尔·席尔（Michael J. Schill）和周春生（Chunsheng Zhou）:《动量利润的虚幻性》（*The Illusory Nature of Momentum Profits*），《金融经济学期刊》2004年第71卷，第349—380页。

② 罗伯特·科拉杰克（Robert Korajczyk）和罗尼·萨德卡（Ronnie Sadka）:《动量利润对交易成本稳健吗？》（*Are Momentum Profits Robust to Trading Costs?*），《金融学期刊》2004年第59卷，第1039—1082页。

③ 安德烈·弗拉兹尼、罗恩·以色列和托比亚斯·莫斯科维奇：《资产定价异象的交易成本》（*Trading Costs of Asset Pricing Anomalies*），2015年工作论文。

④ 格雷格·费雪（Gregg Fisher）、罗尼·沙阿（Ronnie Shah）和施瑞丹·泰特曼：《综合价值和动量》（*Combining Value and Momentum*），《投资管理期刊》（*Journal of Investment Management*），即将刊出。

萨德卡的估值要低”。总之，有关交易成本的争论很激烈，但从研究中得出的共识似乎是，动量是存在的，但考虑到交易成本，其可拓展性是有限的。

显然，企业数量、持有期和收益之间存在关联。运用等权重的投资组合进行检验时，结果几乎是相同的（复合年均增长率更高，但呈现出的模式类似）。当然，交易成本是实施任何积极的投资策略时都要考虑的重要因素。无论如何，都要注意下面两点：

- 再平衡频率：企业数量不变时，持有期越短，即投资组合的再平衡频率越高，复合年均增长率越高。
- 避免多元恶化（diworsification）：持有期不变时，组合中的企业数越少，复合年均增长率越高。

对于一个掌控着数十亿美元的大型资产管理人而言，上述结果并不能令人满意。因为管理者的级别本身就阻止了他们对更有效的动量策略的追求，这涉及更高的证券交易额。然而，由于同样的原因，动量投资需要定期再平衡并且需要持有集中的投资组合，这些要求从可持续的主动投资框架来看是好事，因为这些特征使得大型资本池的套利成本增加，从而确保了高频率再平衡版的动量异象能在较长的时期内存在。

■ 小结

本章详细介绍了计算一般动量指标的步骤和方法。我们首先描述了最常见的三种动量策略，即短期动量、中期动量和长期动量。短期动量组合和长期动量组合会产生反转效应。然而，运用中期形成动量计算方法构建的投资组合能产生持续的收益。作为一种投资方法，这种动量最引人注目，其结果也最稳健。最后我们强调投资组合的构建会对中期动量组合的效力产生重要的影响。我们认为，动量组合要最大限度地发挥效力，需要合理的集中度和定期的再平衡。在接下来的章节中，我们将描述改进一般中期动量策略的方法。

第六章　最大化动量：路径很重要

> ……回溯期收益在数天内逐渐积累，信息流是持续的。[①]
>
> ——达志等人，《金融研究评论》

第五章强调，具有强势中期动量信号的股票，通常以过去12个月（忽略最后一个月）的累积收益为依据计算，会表现出强劲的收益持续性，其证据遍及不同的时期和资产类别。鉴于这样的事实，一个问题自然地就出现了：我们能否做得比一般中期动量指标更出色？找出实现这一目标的方法可能很难，特别是当优化和数据挖掘的风险很高时。然而，学术研究人员一直在研究这个问题，他们已经开发出了改进一般动量算法的方案了，而且他们还展示了改进与动量得以存在的理论行为基础之间

① 达志、尤米特·古伦和米奇·瓦拉卡：《温水煮青蛙：持续的信息和动量》（*Frog in the Pan: Continuous Information and Momentum*），《金融研究评论》2014年第27卷，第2171—2218页。

的联系。换句话说，动量策略的改进是通过可持续主动投资框架、基于更强大的证据做出的，而不是一味地进行数据挖掘。

我们花了一年多的时间梳理我们能找到的有关动量选股的所有重要的研究成果，我们得出的总体性结论是，改进一般动量策略的一个核心方法是，关注动量股的时间序列特征。换句话说，我们需要审视一只动量股之所以被归类为动量股的路径（可参见附录A了解我们研究过的最重要的竞争性观点和我们完成的分析）。

一个例子可以突出路径依赖对动量股的重要性，即20世纪90年代末形成、最终于2000年破裂的“互联网泡沫”。当时有许多公司发出了极高的一般动量信号，因为投资者无法抗拒以天价估值买入互联网股。我们选择了2000年3月31日（此时接近泡沫的破裂）的两只高动量股为研究对象。

我们选择的第一家公司是联合制药公司（Alliance Pharmaceutical Corp），这是一家生物技术公司。该公司希望为市场提供一种新氧气产品（Oxygent），在手术过程中为生物组织供氧。我们研究的第二家公司是国际整流器公司（International Rectifier Corp），该公司成立于1947年，主要生产电源管理半导体。截止到2000年3月31日，这两家公司的股票都被归类为高动量股。图6.1描绘的是截止到2000年3月31日的过去12个月的累积总回报。这里有两点需要注意：首先，图6.1中，2000年2月29日对应着一条垂直线。由于一般动量计算不包括最后一个月的数据，所以我们计算的是截止到2000年2月29日的中期动量。到2000年2月29日时，联合制药公司的股价上涨了554%，而国际整流器公司的股价上涨了498%。这两只股票反映了价值投资者最糟糕的噩梦，却是动量投资者的梦想。

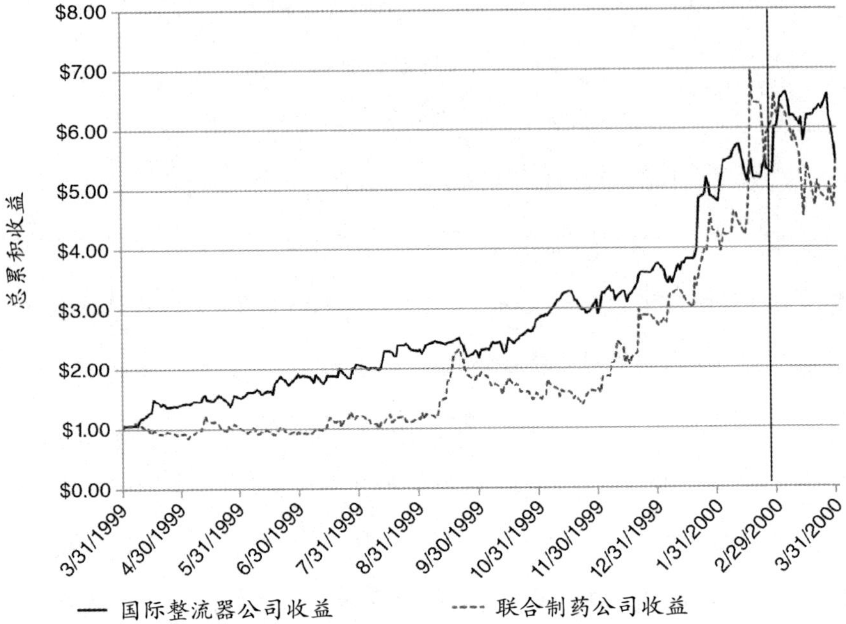

图6.1 联合制药公司和国际整流器公司股票过去的表现

其次，两只股票遵循不同的路径。从图6.1中可以看出，国际整流器公司的股票在迈向高动量的过程中，遵循的是一条相对平滑的路径，而联合制药遵循的是一条更具跳跃性的路径。除了直观的图示，我们还可以客观地量化这一观察结果。假设两只股票达到了大致相同的动量水平，确认“跳跃对平滑”哪个更好的一种方式是，计算负收益天数的百分比与正收益天数的百分比。我们预计具有“平滑”动量的公司，其正收益天数的比例较高而负收益天数的比例较低。从两家公司的目前情形来看，这种预期是正确的：一年之内，联合制药公司股票的正收益交易天数比例为49%，负收益交易天数比例为43%，而国际整流器公司股票的正收益交易天数比例为55%，负收益交易天数的比例为40%（二者相加并不等于

100%，因为在一定比例的天数里，收益无变化）。

在上述情况下，我们可以从视觉和数量两方面得出这一结论：国际整流器公司股票的收益流更平滑。但是，“平滑的”高动量股优于“跳跃的”高动量股吗？我们可从图6.2中看出这一优中选优问题的结果。

图6.2描绘的是两家公司未来3个月的收益。国际整流器公司获得了46.9%的收益，其表现优于联合制药公司，后者同期损失了24.7%的收益。当然，我们精选这一例子是为了强调，“平滑的”高动量股的表现往往优于“跳跃的”高动量股。然而，到本章结束时，我们希望能说服读者相信，动量的路径依赖很重要。动量的这一时间序列特征反映了有关市场参与者行为的重要信息，我们可以系统地利用这些信息改善一般的动量策略。为了了解其中的原因，我们研究了彩票型股票。这类股票的收益特征与

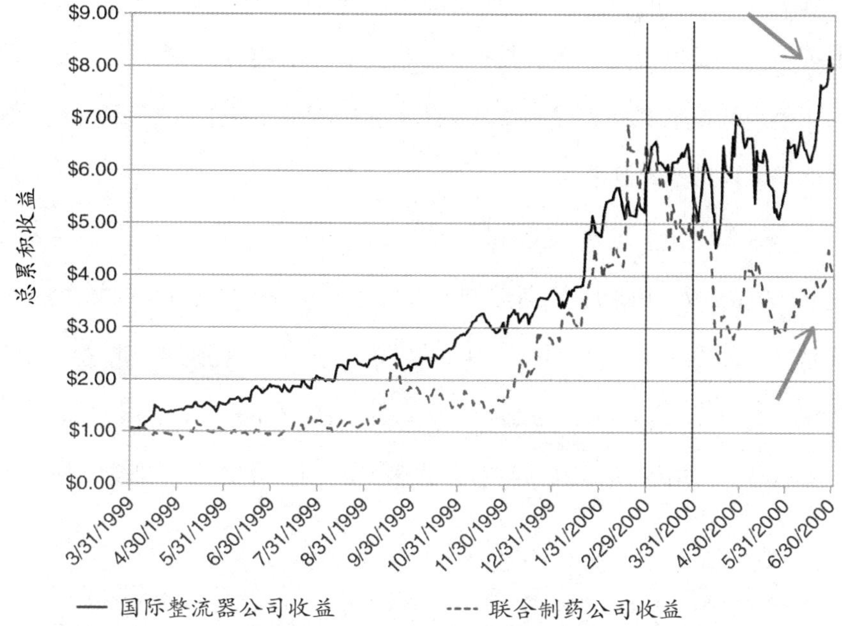

图6.2 联合制药公司和国际整流器公司股票未来的表现

“跳跃的”高动量股相似，而且照顾到了许多市场参与者对“彩票式”回报的特殊需求。

■ 彩票型股票的表现

每个人都喜欢赌博，特别是赢得概率很低的赌博。喜欢在老虎机前抽烟及喝朗姆酒和可乐的可不只是退休后无所事事的老人，唉，我们都曾在拉斯维加斯和大西洋赌城里输过钱，我们知道得再清楚不过了！

原因何在呢？

尼古拉斯·巴伯瑞斯在理论文章《赌场赌博模型》（*A Model of Casino Gambling*）中阐述了人们去赌场的原因及他们到达赌场后的行为表现。[①] 抛开已知的赌博的预期效用好处（即赌博很有趣）不谈，巴伯瑞斯理论的关键假设是，还有其他因素在起作用，这一因素就是，人们无法正确地衡量低概率事件的成功概率。换句话说，人们不出所料地高估了他们赢得彩票的概率。

当人们走出赌场转向股市时，他们的行为不会有多少改变。图兰·G. 巴利（Turan G. Bali）、努斯瑞特·卡基奇（Nusret Cakici）、罗伯特·F. 怀特洛（Robert F. Whitelaw）在《最高收益：彩票型股票和期望收益的横截面》（*Maxing Out: Stocksas Lotteries and the Cross-Section of Expected Returns*）一文中研究了彩票型股票的表现。[②] 他们的中心假设是，投资者

---

① 尼古拉斯·巴伯瑞斯：《赌场赌博模型》，《管理科学》2012年第58卷，第35—51页。

② 图兰·G. 巴利（Turan G. Bali）、努斯瑞特·卡基奇、罗伯特·F. 怀特洛：《最高收益：彩票型股票和期望收益的横截面》，《金融经济学期刊》2011年第99卷，第427—446页。

非理性地在彩票类赌博中付出过多，认为自己中奖的概率高于实际水平，而且彩票型股票的风险调整后表现不佳。

为了检验这一假设，巴利等人首先将近期出现极端市场走势的一类股票界定为彩票型股票。接下来，他们研究了这些彩票型股票的未来表现。基本的假设是，投资者将最近出现极端收益的股票确定为彩票型股票，他们对这类股票的叫价超过了其基本价值。巴利等人确认彩票型股票的方法是，按上个月的最高日收益（MAX）对股票进行排名，选定其中排名靠前的。

用一个例子就可以说明几位作者确认彩票型股票的方法。假设目前是2017年1月31日，股市上只有两只股票，一只是易赚钱公司（Fast Money Inc.）的股票，一只是无聊钱公司（Boring Money Inc.）的股票，股票代码分别为FAST和SLOW。我们在2月1日形成了一个多头/空头组合，该组合的构建利用了投资者愿意为彩票多付出的事实。我们确认，过去一个月内，FAST的最高日收益率为50%，而SLOW的最高日收益率为1%。因此，我们在2月1日的投资组合是空头FAST（彩票型股票）和多头SLOW（非彩票型股票）。

表6.1总结了上述论文中的结果，列出了MAX榜上有名的10个组合的月平均收益，即过去1个月内的最高日收益。排名前10%的股票（10）代表的是彩票型股票，排名后10%的股票（1）是“无聊型”股票。不错啊！多头无聊型股票和空头彩票型股票的投资组合产生的月收益率是1.03%，年化收益率约为12%。另外，四因子α值（控制市场风险以及已知的收益驱动因素如规模、价值和动量）为1.18%（月），即年度值为14.4%。结果中没有纳入实施成本，因为它不重要。我们并没有说这一策略是形成投

资组合的实用方法，而只是强调市场参与者似乎像对待彩票一样对股票进行错误的定价。

表6.1 彩票型股票结果

	平均月收益（VW投组合）	四因子α（VW投组合）	平均最大值
无聊型股票（1）	1.01%	0.05	1.30
2	1.00%	0.00	2.47
3	1.00%	0.04	3.26
4	1.11%	0.16	4.06
5	1.02%	0.09	4.93
6	1.16%	0.15	5.97
7	1.00%	0.03	7.27
8	0.86%	−0.21	9.07
9	0.52%	−0.49	12.09
彩票型股票（10）	−0.02%	−1.13	23.60
多头/空头组合（1—10）	1.03%	1.18	

彩票偏好也有助于解释所谓的β异象。学术研究表明，低β股往往比高β股的表现更好。[①]这一结果引人注目，而且被视为异常，因为资本资产定价模型的一个核心预测是，暴露于更多市场风险（即高β）的股票应该比市场风险较低的股票（即低β股）具有更高的期望收益。巴利等人[②]

① 安德烈·弗拉兹尼和拉塞·佩德森：《BAB因子：打赌没有β》（*Betting Against Beta*），《金融经济学期刊》2014年第111卷，第1—25页。

② 图兰·巴利（Turan G. Bali）、斯蒂芬·布劳恩（Stephen Brown）、斯科特·莫瑞（Scott Murry）和唐毅（Yi Tang）：《打赌没有β还是彩票需求？》，2016年工作论文。

公布的一篇工作论文检验了β和彩票需求之间的关系。具体而言，他们试图了解如何以投资者对彩票的偏好解释β的异常。我们从巴利等人的论文中总结出了一些结果数据，如表6.2所示。

表6.2 不同十分位β和不同排名彩票型股票组合的平均月收益

	低β十分位	高β十分位	平均最大值
无聊型股票（1）	0.35%	1.04%	1.30
2	0.75%	0.86%	2.47
3	0.73%	0.82%	3.26
4	0.85%	0.77%	4.06
5	0.95%	0.69%	4.93
6	0.97%	0.46%	5.97
7	1.03%	0.15%	7.27
8	0.91%	0.06%	9.07
9	0.46%	−0.31%	12.09
彩票型股票（10）	−0.01%	−1.07%	23.60
多头/空头组合（1—10）	−0.36%	−2.11	
多头/空头α（四因子）	−0.83%	−2.14%	

表6.2列出了由不同十分位β的股票组成的投资组合的结果，在每个十分位里，根据“彩票”特征的排名对投资组合进行分类。为了更好地说明问题，我们只列出了最高和最低十分位的结果。平均来看，高β股票的表现低于低β股票，这反映了所谓的“低β异象”，但这样的结果与彩票排位不相符。低β无聊股的收益低于高β无聊型股票，这与金融理论相符。根据金融理论，高β股的风险高于低β股，因此应该获得更高

的期望收益。低β股的异常结果是具有彩票特征的股票推动的。彩票特征在高β股中的作用尤其大。例如，在高β十分位中，随着“彩票”排名的上升，平均收益率呈单调递减的态势。几位作者进一步探讨了这一问题并测试了彩票需求能否解释高β股相对于低β股表现如此糟糕的原因。根据我们对人类心智的了解，他们的发现并不太令人惊讶：与高β股相关的彩票特征是其表现糟糕的关键动因（彩票偏好对解释低β的异常也大有益处，但我们在其他时间再讨论这个问题）。

返回到动量策略，为什么对彩票型股票的研究很重要呢？根据《最高收益：彩票型股票和期望收益的横截面》一文提供的证据，投资者似乎最好避免投资具有彩票型特征的股票。在决定购买哪些高动量股时，我们应当将这些认识纳入到我们的算法中。[①]而且，遵循平滑动量路径的高动量股比遵循跳跃路径的高动量股更不易发生因彩票偏好导致的错误定价。

我们也应当考虑把彩票型股票与高β股关联起来的研究。如前所述，避免彩票型股票是个好主意，但避免高β股是否好主意呢？要回答这个问题，我们首先需要回顾一下β的含义。简单来说，β是衡量波动性或者系统性风险的指标。具有平滑价格路径的高动量股往往具有较低的β值，而具有跳跃价格路径的高动量股往往具有较高的β值。因此，从某种程度上说，通过关注具有平滑价格路径的高动量股，我们能避免彩票偏好要素，这会抑制对许多定价过高的一般动量股的投资。

底线是什么？彩票偏好对市场的错误定价起了一定的作用。彩票型

① 海科·雅各布斯（Heiko Jacobs）、托比亚斯·瑞格勒（Tobias Regele）和马丁·韦伯（Martin Weber）:《预期的偏态和动量》（*Expected Skewness and Momentum*），2015年工作论文。

股票的表现往往比较差，因为投资者依据过去的基本价值为它们叫价。我们可以采用多种代理指标来衡量彩票偏好。我们之前讨论过的最大日收益（MAX）和β这两个指标都有助于确认我们应当避免投资的股票。人们当然可以提出许多其他排名并找到类似的股票。但是，当我们考虑全局时，我们真正要做的是确认股票价格路径的性质，这样能收集有关市场参与者行为的信息。我们将在下一节分析通往动量利润的路径。

▪ 动量利润的路径

我们都听过温水煮青蛙的故事。将一只青蛙放到一锅沸水中时，毫不奇怪，青蛙会立即跳跃而出。然而，若把青蛙放到一锅温水中并逐渐加热，最终使锅里的水烧至沸点，则青蛙会一直待在水里，直至被完全煮熟。至少对我们假设的这只青蛙而言，水温变化的路径显然对最终的结果产生了重要的影响。

有意思的是，有研究发现，青蛙对逐渐升温的水的反应与投资者对股价逐渐变化的反应很类似。例如，如果一只股票很快获得了100%的收益（如同将青蛙放到了一锅沸水中），强势的价格反应马上会吸引投资者的关注，而且新股价往往大体上反映了公平价值。然而，如果一只股票慢慢地获得了100%收益（相当于水温随时间的推移逐步升高），投资者就不会关注股价的走势了，这样，股票的定价就可能低于基本价值。用心理学术语来说就是，青蛙和人类投资者都受到了“有限注意力”（limited attention）的影响，这反映出我们的认知资源是有限的，我们大脑将专注地处理既定时间点最要紧的信息，但确定什么是“最要紧的”信息是一个颇具挑战性的问题。然而，心理学研究发现，其他条件一样时，与环境的微小变化相比，环境的巨大变化能吸引更多的认知资源。①

2014年，达志（Zhi Da）、尤米特·古伦（Umit Gurun）、米奇·瓦拉卡（Mitch Warachka）②研究了投资者对信息逐渐扩散的有限注意力问题。几位作者假定，其与动量异象有关系。

他们提出了温水煮青蛙假说，即：

> 一系列频繁的渐进性变化要比突然的巨大变化得到的关注少，投资者因而对持续的信息反应不足。

他们在进行了一系列实证分析后得出的结论令人着迷：关注路径依赖的动量策略产生的动量效应更强大。换句话说，他们的证据强烈地支持温水煮青蛙假说，而且也支持了巴伯瑞斯等人在1998年的论文中提出的理论行为观点，即动量异象是由于投资者对利好信息的反应不足引起的。③

达、古伦和瓦拉卡为衡量小信号的相对频率构建了一个信息间断度（ID）指标。较高的ID值意味着信息更具间断性，较小的ID值表示信息具有连续性。对于过去获得高收益的赢家而言，正收益的占比高（%正收益率>%负收益率）意味着存在大量的数值较小的正收益率值。

---

① 弗兰西斯卡·吉娜（Francesca Gina）和马科斯·巴泽曼（Max H. Bazerman）:《当不道德的行为被忽视时：对他人伦理行为逐步堕落的可接受性》（When Misconduct Goes Unnoticed: The Acceptability of Gradual Erosion in Others' Ethical Behavior），《实验社会心理学期刊》（Journal of Experimental Social Psychology）2009年第45卷，第708—719页。

② Da、古伦、瓦拉卡。

③ 尼古拉斯·巴伯瑞斯、安德鲁·施莱弗和罗伯特·维什尼：《一个投资者情绪模型》，《金融经济学期刊》1998年第49卷，第307—343页。

精确的计算方法为：

$$ID = (过去的收益) \times (负收益百分比 - 正收益百分比)$$

为了验证他们的假设，达等人首先根据12个月的回溯期收益或者根据我们在之前章节里所称的以及杰加德什和泰特曼[①]在论文中进一步描述的“一般动量”将投资组合分为了两类。接下来，他们根据1927—2007年样本期间的信息间断变量对这些动量投资组合进行了分组。我们将该论文中最相关的结果列在了表6.3中。该表显示的是，不同的信息间断程度下，多头高动量股和空头低动量股组合在6个月持有期内的收益。

表6.3 多头/空头动量组合的温水煮青蛙路径结果

间断——持续5分位	6个月收益	三因子α值
间断	−2.07%	−2.01%
2	0.64%	3.53%
3	3.12%	5.05%
4	4.36%	6.71%
持续	5.94%	8.77%
持续——间断	8.01%	10.78%

结果是令人惊讶的。在6个月的持有期内，当信息由持续变为间断时，多头/空头动量组合的收益率也由5.94%单调下降到了−2.07%，多头/空

① 纳拉西曼·杰加德什和施瑞丹·泰特曼：《追涨杀跌的回报：对股市效率的启示》，《金融学期刊》1993年第48卷，第65—91页。

头动量组合的三因子α值也从8.77%下降到-2.01%，价差高达10.78%（按年计算超过了20%），并且t值显著。

我们从第五章的分析中得知，较高频率的再平衡会转化为动量策略的好表现。几位作者在他们的论文中也检验了这个问题。图6.3展示了多头/空头组合形成后1至10个月的月度α估计值。结果与温水煮青蛙假说一致：持续的动量似乎解释了大部分的动量效应。两个关键点是：

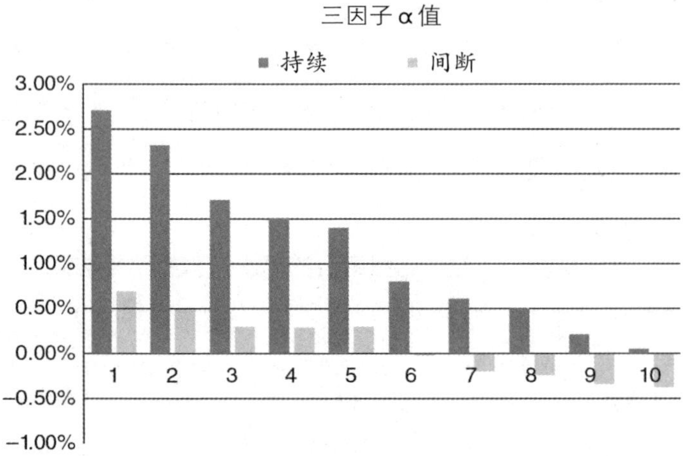

图6.3 温水煮青蛙投资组合的α值

1. 更高的利润：信息持续的多头/空头动量组合比信息间断的多头/空头动量组合具有更高的三因子α值。

2. 持久性更强：信息持续的多头/空头动量组合利润持续的时间更长久，而信息间断的多头/空头动量组合利润持续的时间较短暂。

值得注意的是，通过简单地量化实现高动量状态的路径，我们就可以大大促进动量异象，并且能集中利用有限的注意力。尽管在探讨温水煮青蛙的原始论文中没有提到这个结论，但我们认为，重视路径的动量算法是有好处的，因为它间接利用了与市场参与者的彩票偏好有关的行为偏差（如前所述）。

几位作者为解释为什么有限的注意力是理解动量异象的关键做了细致的工作，但他们并不是实证研究这一问题的唯一一波作者。例如，2000年，洪（Hong）、利姆（Lim）和斯泰因（Stein）[1]在发表的一篇论文中指出，分析师关注度低的股票和小盘股的动量利润更高。这几位作者认为，分析师关注度低和小盘股特征可作为吸引力低的股票的代理指标，这些股票预计能获得更高的动量利润。处置效应或持有亏损股太长时间和太快地出售盈利股都对反应不足产生了影响。1985年，舍夫林（Shefrin）和斯塔特曼（Statman）[2]已经描述了这一理论，而且该理论在众多实证论文中得到了探讨和验证。[3][4]

此外，我们在自己完成的研究中发现，根据其他关注度指标，如交易量[5]（更多的交易量应该引起更多的注意），对高动量组合进行分类测

① 哈里森·洪（Harrison Hong）、特伦斯·利姆（Terence Lim）和杰里米·斯泰因（Jeremy C. Stein）：《坏消息慢慢流传：规模、分析师关注和动量策略的盈利能力》（*Bad News Travels Slowly: Size, Analyst Coverage, and the Profitability of Momentum Strategies*），《金融学期刊》2000年第55卷，第265—295页。

② 赫什·舍夫林（Hersh Shefrin）和迈尔·斯塔特曼（Meir Statman）：《过早卖出盈利股而过久持有亏损股的倾向：理论和证据》（*The Disposition to Sell Winners Too Early and Ride Losers Too Long: Theory and Evidence*），《金融学期刊》1985年第40卷，第777—790页。

③ 贾斯汀·比鲁（Justin Birru）：《乱中之乱：对处置效用和动量的检验》，《金融研究评论》2015年第28卷，第1849—1873页。

④ 安德烈·弗拉兹尼：《处置效应和对消息的反应不足》（*The Disposition Effect and Underreaction to News*），《金融学期刊》2006年第61卷，第2017—2046页。

⑤ 查尔斯·李（Charles M. C. Lee）和巴斯卡兰·斯瓦米纳坦（Bhaskaran Swaminathan）：《价格动量和交易量》（*Price Momentum and Trading Volume*），《金融学期刊》2000年第55卷，第2017—2069页。

试时，产生的结果是相似的。接下来我们考察一下将信息间断度指标纳入我们自己的股票分析时会产生何种结果。

■ 结果

我们在第五章中强调，一般动量的溢价会随着时间的推移而减少，因而需要较高频率的再平衡（如月度再平衡的投资组合优于年度再平衡的投资组合）。然而，再平衡次数增加会提高摩擦成本。作为一种折中，我们在本节中研究季度再平衡投资组合的结果。我们的分析侧重于第五章所描述的重叠的季度再平衡投资组合。我们只考察中型和大型公司的股票。[①] 投资组合根据1927年1月1日至2014年12月31日间的收益、以市值加权法构建。[②]

在表6.4中，我们根据过去12个月（忽略最后一个月）的累积收益对股票进行分类，并从排名前10%的股票中（第3栏中的“一般动量股”）按市值加权法买入一组股票。然后将一般动量较高的股票组合分成高质量动量股（第1栏）和低质量动量股（第2栏）。动量“质量”指标是信息间断度或者温水煮青蛙指标，其描述与达、古伦、瓦拉卡论文中的一样，具有高质量动量的企业是具有持续信息的企业，而具有低质量动量的企业是具有间断信息的企业，为了更清楚地描绘这一点，第3栏中的股票组合被我们的信息间断指标分成了两部分，这就有了第1栏和第2栏的投资组合。表6.4中的收益为总回报。

① 我们把市值排名前40%的纽交所上市公司的股票定为中大盘股。

② 按等权重法建构的投资组合会产生更显著的结论。

表6.4 不同质量动量组合的年化收益结果

	高质量动量股	低质量动量股	一般动量股	标普500
CAGR	17.14%	13.02%	15.56%	9.95%
标准差	23.45%	25.16%	23.61%	19.09%
下行偏差	16.98%	18.71%	17.42%	14.22%
夏普比率	0.65	0.48	0.59	0.41
索提诺比率（MAR= 5%）	0.81	0.56	0.71	0.45
最大回撤率	−74.60%	−77.44%	−73.90%	−84.59%
最差月收益	−29.23%	−34.71%	−30.00%	−28.73%
最佳月收益	30.63%	37.15%	33.88%	41.65%
盈利月占比	62.50%	61.08%	61.84%	61.74%

我们利用自己的研究得到了与达、古伦、瓦拉卡一样的结果：在高动量股中，具有更高质量或者路径比较“平滑”的动量股（以持续信息度量），其相对表现非常好。相比之下，低质量或“跳跃型”的动力股仍然能跑赢大盘，但表现优势比较微弱。这样的结果表明，一般动量效应是由高质量动量股驱动的，并被低质量动量股所稀释。高质量动量股和低质量动量股之间的价差很大：在几十年的时间里（1927—2014年），高质量动量组合（第1栏）和低质量动量组合（第2栏）每年的收益差超过了4%。

从图6.4能直观地看出这一价差。高质量动量组合也具有较高的风险调整后收益（夏普比率和索提诺比率）和较小的最大回撤率。尽管所有的动量投资策略均优于标普500（扣减费用之前），但我们能得出的一个关键结论是，有效的动量策略必须考虑股票形成其动量的路径。

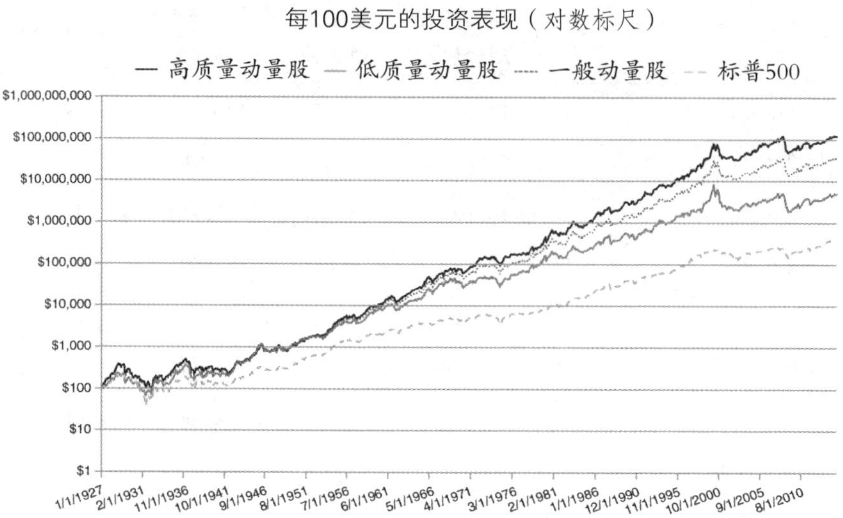

图6.4 不同质量动量组合的收益

■ 小结

本章一开始就列举了互联网泡沫时期“一般”动量值较高的两只股票的例子。通过这两个例子我们发现，在迈向高动量的过程中，遵循“平滑”路径的公司，其未来的表现要高于遵循“跳跃”路径的高动量股票。接下来我们解释了这种现象可能反映了市场上更为系统性的效应的原因。首先，我们考察了投资者如何不理性地偏爱彩票型股票，这类股票具有“跳跃式”的历史价格路径。证据表明，我们应当避开这类股票，因为它们的定价往往过高。其次，我们检验了达等几位作者提出的“温水煮青蛙”式的有限注意力假说。这一假说认为，投资者对持续的信息反应不足。

几位作者提供了验证这一假说的证据。这些证据显示，在形成高动量的过程中，价格路径平滑的高动量股的收益要高于价格路径更具波动性的高动量股。我们的分析也证实了达等几位作者的发现。我们从分析中得到的结论是，动量的形成路径决定了动量策略的效力，即更平滑的路径优于更具波动性的路径。这一发现确认，“质量”动量能够区分优秀的高动量股和糟糕的高动量股，它可由如下的行为心理学进行解释：

- 避免与彩票型股票相关的错误定价；
- 利用可能导致系统性反应不足的有限注意力。

第七章　动量投资者要了解动量的季节性

……行星和太阳黑子活动具有显著的预测超额收益的能力。

——罗伯特·诺维–马科斯（Robert Novy–Marx）[①]，

《金融经济学期刊》

在股市研究中，广义的季节性指的是基于日历构建定时信号的思想。打开任何财经类新闻网站，人们通常都会看到有关季节性的讨论。其中一个比较流行的观念是“5月卖股走人”，指的是投资者要在6月之前清仓，并于11月重返股市。然而，诺维–马科斯在2014年发表的题为《用政治、天气、全球变暖、太阳黑子和星星预测超额收益》（*Predicting Anomaly Performance with Politics, the Weather, Global Warming, Sunspots, and the Stars*）的论文中[②] 提出了一个重要的观点：人们要对季节性观点持怀疑

① 罗伯特·诺维–马科斯：《用政治、天气、全球变暖、太阳黑子和星星预测超额收益》，《金融经济学期刊》2014年第112卷，第137—146页。

② 同上。

态度。此外，张樱（Cherry Zhang）和本·雅各布森（Ben Jacobsen）审视了英国股票市场300多年的数据后得出的结论认为，应该以合理的质疑态度对待有记载的季节性影响。[①] 尽管如此，马蒂·科勒哈羽（Matti Keloharju）、羽哈尼·林奈玛（Juhani Linnainmaa）和彼得·尼伯格（Peter Nyberg）运用最新的数据和研究技术表明，股市收益的季节性几乎存在于所有类别的资产，而且随着时间的推移，这种效应持续存在、影响极大。[②] 从较高的层面上看，季节性的存在是合理的，因为制度和行为激励能够推动供需变动，从而创造出强劲的季节性效应。我们在本章探讨“橱窗装饰”和税收激励的影响。

为什么要谈论季节性呢，它与动量投资有何关系呢？我们解释一下个中原因。我们认为，季节性和动量投资之间存在关联，因此在5年前，我们启动了对这一“独特”理念的研究。我们的假设是，可以利用橱窗装饰和税损卖盘（tax-loss selling）来最大化不考虑季节性的动量策略的收益。我们进行了一系列验证并汇总了所有的数据后发现，结果令人惊叹。更令人兴奋的是，我们的想法从未在顶级金融学术期刊上发表过，也就是说未在《金融学期刊》《金融经济学期刊》《金融研究评论》之类的刊物上发表过。当然，为保险起见，我们审视了学术研究人员眼中的“非严肃型研究”期刊，也就是实践类期刊［例如《金融分析师期刊》（*Financial Analyst Journal*）或《投资组合管理期刊》（*The Journal of*

① 张樱和本·雅各布森：《月度季节性真的存在吗？三个世纪的视角》（*Are Monthly Seasonals Real? A Three Century Perspective*），《金融评论》（*Review of Finance*）2013年第17卷，第1743—1785页。

② 马蒂·科勒哈羽、羽哈尼·林奈玛和彼得·尼伯格：《收益的季节性》（*Return Seasonalities*），《金融学期刊》2016年第71卷，第1557—1590页。

Portfolio Management)]。事实证明，对此类期刊的审核是大有裨益的。理查德·西亚斯（Richard Sias）已经在2007年的《金融分析师期刊》中发表了与我们类似的结论。[1]刚得知这一结果时，我们很失望，因为作为研究人员，我们希望能发表全新的思想，但马上我们就高兴起来了，因为我们对动量季节性的分析得到了其他人的确认。因此，长话短说，西亚斯比我们更领先一步。我们很喜欢他的想法，但我们要真正理解其论文的结论，需要先深入研究市场激励。在接下来的内容中，我们首先分析了橱窗装饰和税损卖盘背后的动机，然后探讨了它们在动量投资中何以重要的原因。

■ 橱窗装饰——别被出色报表蒙蔽了双眼

在零售业中，橱窗装饰指的是，在商店的橱窗中布置商品的陈列，使其看起来尽可能具有吸引力的做法。橱窗装饰的做法之所以有用是因为，即使商品不如在橱窗里看起来那么好，它也能将顾客吸引进商店。在金融服务行业，基金管理者也会运用相同的理念。

从字面上看，橱窗装饰的概念可追溯至正式的经济研究开始开展之时。读者不熟悉这一术语，经济学上的橱窗装饰指的是金融专业人士做出的一种行为，以此误导和迎合不太成熟的客户的兴趣。创刊于1911年的《美国经济评论》(*The American Economic Review*)，是经济学领域历史最悠久、最受尊崇的学术期刊之一，在其最早刊发的文章中，著名经

① 理查德·西亚斯：《动量利润的成因和季节性》(*Causes and Seasonality of Momentum Profits*)，《金融分析师期刊》(*Financial Analysts Journal*) 2007年第63卷，第48—54页。

济学教授、国外政府顾问埃德温·凯默勒（Edwin Kemmerer）①在描述1911年年底前的纽约货币市场时就用了“橱窗装饰”一词。

橱窗装饰在实践中的工作原理是：基金管理者知道，他们必须在邮寄给客户的季度报表中公布自己的持仓情况。但表现欠佳的经理不想让客户看到他们持有表现糟糕的股票。换句话说，他们不希望投资者在看“橱窗”时发现表现差的股票。为此，他们会在报表报告日期之前卖出表现差的股票并买入近来表现好的股票，这样报表看起来就会很出色，这就类似于装饰商店的“橱窗”。瞧，现在的橱窗看起来更诱人了！

显然，橱窗装饰并非治疗表现糟糕问题的良药，而且这一策略逃不过老练客户的火眼金睛，但资金管理人希望这一做法至少能让客户认为他们行事是比较明智的，而且，使客户在看到报表时没有太多疑问。例如，设想2002年互联网泡沫破裂时一位客户和一位资金管理人之间的对话情形：

- 情景1：哎呀，你的表现落后了10%。哇，你持有Pets.com的股票，这只股票跌惨了……你为什么要持有表现这么糟糕的股票啊，你可真是个白痴！
- 情景2：哎呀，你的表现落后了10%。但你持有伯克希尔·哈撒韦公司股票（Berkshire Hathaway），这只股票价格稳定，表现良好。你可能只是时运不佳，但你仍是一位不错的基金管理人。

① 埃德温·凯默勒（Edwin W. Kemmerer）：《纽约货币市场的季节性变化》（*Seasonal Variations in the New York Money Market*），《美国经济评论》（*American Economic Review*），1911年第1卷，第33—49页。

很明显，基金管理人更愿意面对情景2而非情景1中的反应。

当然，情景2听起来好像很不错，但有什么证据证明狡猾的资金管理人确实做出了橱窗装饰的行为呢？一些作者认为，橱窗装饰行为只是传闻而非事实。例如，胡钢（Gang Hu）、大卫·麦克莱恩（David McLean）、杰夫·庞迪夫（Jeff Pontiff）和王清海（Qinghai Wang）几乎没有发现机构投资者利用橱窗装饰的证据。[①] 而其他学者则不认同这样的结论，如马欣·卡克伯茨（Marcin Kacperczyk）、克莱蒙斯·斯艾尔姆（Clemens Sialm）和郑璐（Lu Zheng）在《未观测到的共同基金管理人的行为》（*Unobserved Actions of Mutual Fund Managers*）[②] 一文中，通过创建收益差指标，为验证橱窗装饰假设创造了一个工具。收益差指标指的是共同基金的实际收益和最近季度报表中披露的买入和持有的所有组合的收益之间的价差。从文章题目可知，运用收益差指标的目的是确认未被观测到的共同基金管理人的行为。数据表明，一些未被观测到的行为可能创造价值（如经理的选股技能），另一些未被观测到的行为可能破坏价值（如橱窗装饰技俩）。而且，这些行为对基金的价值创造和破坏似乎是持续不断的。不幸的是，收益差是一个相对粗略的指标，而且由于大环境中需要控制的变量太多，我们需要运用更好的实验来确认橱窗装饰行为。

大卫·所罗门（David Solomon）、尤金·索尔泰斯（Eugene Soltes）

① 胡钢、大卫·麦克莱恩、杰夫·庞迪夫和王清海：《机构投资者的年末交易活动：来自日常交易的证据》（*The Year-End Trading Activities of Institutional Investors: Evidence from Daily Trades*）《金融研究评论》2014年第27卷，第1593—1614页。

② 马欣·卡克伯茨、克莱蒙斯·斯艾尔姆和郑璐：《未观测到的共同基金管理人的行为》，《金融研究评论》2008年第21卷，第2379—2416页。

和丹尼斯·索休拉（Denis Sosyura）[1]设计了一个更好的实验来检验橱窗装饰效应。具体来说，他们研究了媒体关注度对基金流动和橱窗装饰的影响。他们的主要发现是："投资者奖励持有过去收益高的股票的基金，但前提是这些股票近来得到了媒体的关注。"因此，持有高知名度赢家股票的基金要比持有曝光率低的赢家股票的基金吸引的资金多。掌握这些信息的任何共同基金管理人都有进行橱窗装饰的经济激励。有数据表明，橱窗装饰会导致基金管理人管理的资产增加！

橱窗装饰是一种令人困惑的做法，人们希望这种做法不是那么普遍。然而，何佳（Jia He）、伍丽莲（Lilian Ng）和王清海（Qinghai Wang）于2004年研究了各种机构的橱窗装饰行为。[2]他们的研究结论支持橱窗装饰假说，即与内部基金管理机构（养老基金、学院、大学和捐赠基金）相比，外部基金管理机构（如银行、人寿保险公司、共同基金和投资顾问）更有可能对其投资组合进行橱窗装饰。2014年维卡斯·阿加瓦尔（Vikas Agarwal）、杰拉尔德·盖伊（Gerald Gay）和凌棱（Leng Ling）在发表的一篇论文[3]中指出："橱窗装饰与经验不足和表现不佳的管理者有关……我们发现，橱窗装饰会破坏价值，而且会产生较低的未来表现。"资金管理人的集体证据和激励表明，橱窗装饰可能是共同基金界的常见做法。研究表明，橱窗装饰可能导致受管理的资产增加，这就解释了共同基金

① 大卫·所罗门、尤金·索尔泰斯和丹尼斯·索休拉：《聚光灯下的赢家：基金持仓的媒体报道是资金流的驱动力》（*Winners in the Spotlight: Media Coverage of Fund Holdings as a Driver of Flows*），《金融经济学期刊》2014年第113卷，第53—72页。

② 何佳、伍丽莲和王清海：《金融机构的季度交易模式》（*Quarterly Trading Patterns of FinancialInstitutions*），《商业期刊》（*The Journal of Business*）2004年第77卷，第493—509页。

③ 维卡斯·阿加瓦尔、杰拉尔德·盖伊和凌棱：《共同基金中的橱窗装饰》（*Window Dressing in Mutual Funds*），《金融研究评论》2014年第27卷，第3133—3170页。

管理者做出这一行为的原因。接下来我们将探讨橱窗装饰何以对动量投资非常重要的原因，但首先我们要将注意力转向有关税收激励交易的研究。

■ 税收激励交易

西德尼·B. 瓦切特尔（Sidney B. Wachtel）在1942年发表的一篇论文中讨论了税收因素如何导致股票收益在12月至1月出现季节性变化。① 迈克尔·S. 罗瑟夫（Michael S. Rozeff）和威廉姆·R. 肯尼（William R. Kinney）发表了一篇更为综合的实证研究论文，他们运用了瓦切特尔1973年的思想考察了1904年至1974年间的股票收益②。他们的主要发现是，股票市场的一月效应或者年度转折效应时至今日依然存在。年度转折效应指的是股票价格在1月份上涨，而且涨幅显著高于一年中的其他月份。这一效应的核心假设与年终的税收激励措施有关。年终税损卖盘（End-of-year tax-loss selling）压力存在是自然的——应纳税的个人年终会卖出亏损股，从而对股市产生负面的供应冲击。虽然直观地看，"税收假说"很吸引人，但瓦切特尔、罗瑟夫和肯尼之后的研究认为，这种影响很复杂，而且自20世纪90年代早期以来，这种影响几乎消失了。③

① 西德尼·B. 瓦切特尔：《关于股价季节性变动的若干观察》（*Certain Observations on Seasonal Movements in Stock Prices*），《芝加哥大学商业期刊》（*The Journal of Business of the University of Chicago*）1942年第15卷，第184—193页。

② 迈克尔·S. 罗瑟夫和威廉姆·R. 肯尼：《资本市场的季节性：以股票收益为例》（*Capital Market Seasonality: TheCase of Stock Returns*），《金融经济学期刊》1976年第3卷，第379—402页。

③ 安德鲁·萨克玛丽（Andrew Szakmary）和迪恩·基弗（Dean Kiefer）：《消失的1月/年度转折效应：来自股票指数期货和现货的依据》（*The Disappearing January/Turn of theYear Effect: Evidence from Stock Index Futures and Cash Markets*），《期货市场期刊》（Journal of Futures Markets）2004年第24卷，第755—784页。

早期对税收导致的季节性持怀疑态度的人包括理查德・罗尔（Richard Roll）[①]、唐纳德・凯姆（Donald Keim）[②]和马克・雷恩格纳姆（Marc Reinganum）[③]，他们在1983年发表的论文中指出，1月份收益较高的都是规模较小的公司，因此一月效应可能不会像之前想象的那样具有普遍性。然而，最近（2004年）发表的两篇文章运用了更为明智的实证方法发现，税收和年度转折效应存在稳健的关系。两篇文献中，一篇的作者是陈洪辉（Honghui Chen）和维杰・辛格尔（Vijay Singal）[④]，另一篇的作者是马克・格林布拉特（Mark Grinblatt）和托比亚斯・莫斯科维奇（Tobias J. Moskowitz）[⑤]。

但推动税损卖盘的是哪些投资者呢？杰・瑞特（Jay Ritter）进一步探讨了这一问题，并检验了个体投资者接近年末时的买卖情况。[⑥]他计算了个人投资者的买入和卖出比率后发现，个体投资者在接近年末时卖出更多，而在年初时买入更多。所以个人投资者中存在季节性模式，而且他们往往持有小盘股。詹姆斯・波特巴（James Poterba）和斯科特・卫斯伯纳（Scott Weisbenner）[⑦]也发现，税损卖盘是个人投资者而非机构投

---

① 理查德・罗尔：《这是什么？》（*Vas Ist Das?*），《投资组合管理期刊》1983年第9卷，第18—28页。
② 唐纳德・凯姆：《与规模有关的异象和股票收益的季节性》（*Size-related Anomalies and Stock Return Seasonality*），《金融经济学期刊》1983年第12卷，第13—32页。
③ 马克・雷恩格纳姆：《1月份小企业的异常股市行为》（*The Anomalous Stock Market Behavior of Small Firms in January*），《金融经济学期刊》1983年第12卷，第89—104页。
④ 陈洪辉和维杰・辛格尔：《从各方面考虑可知，税收推动了1月效应》（*All Things Considered, Taxes Drive the January Effect*），《金融研究期刊》2004年第27卷，第351—372页。
⑤ 马克・格林布拉特和托比亚斯・莫斯科维奇：《根据过去的收益预测股价走势：一致性和税损卖盘的作用》（*Predicting Stock Price Movements from Past Returns: The Role of Consistency and Tax-Loss Selling*），《金融经济学期刊》2004年第71卷，第541—579页。
⑥ 杰・瑞特：《年度转折时个人投资者的买卖行为》（*The Buying and Selling Behavior of Individual Investors at the Turn of the Year*），《金融学期刊》1988年第43卷，第701—717页。
⑦ 詹姆斯・波特巴和斯科特・卫斯伯纳：《资本利得税规则、税损交易和年度转折时的收益》（*Capital Gains Tax Rules, Tax-Loss Trading, and Turn-of-the-Year Returns*），《金融学期刊》2001年第56卷，第353—368页。

资者推动的。这一发现符合常理，因为许多机构投资者并不缴税，因此在做出买入和卖出决策时不必担心税收的影响（这岂不更好！）。同样，1997年，理查德·西亚斯和劳拉·斯塔克斯（Laura Starks）[①]研究了年度转折时的股票收益后发现，在12月下旬，个人投资者比较感兴趣的股票的收益要比机构投资者感兴趣的股票的收益低，但1月份的结果刚好相反。所以看起来税损卖盘（由个人而非机构导致）是某些股票的收益出现季节性变化的幕后黑手。

但是，并非所有的研究都发现税损卖盘导致了年度转折效应。例如，1983年，菲利普·布朗（Philip Brown）、唐纳德·凯姆（Donald Keim），艾伦·克莱顿（Allan Kleidon）和特里·马什（Terry Marsh）[②]研究了澳大利亚股市的收益。当时澳大利亚的税法与美国相似，但纳税年度为每年的7月1日至次年的6月30日。他们发现，澳大利亚的股票收益对7月份的收益存在预期的影响，他们也发现美国股市在1月份也存在类似的效应。几位作者的发现使得税损卖盘和年度转折效应之间的因果联系更不明确了，而且他们的发现表明，可能另有其他因素导致年度转折效应。总体来看，该研究表明，税收激励和年末的季节性股票收益可能存在关联，但研究者仍然不完全了解二者间的确切关系。

---

① 理查德·西亚斯和劳拉·斯塔克斯：《年度转折时的机构和个人》（*Institutions and Individuals at the Turn-of-the-Year*），《金融学期刊》1997年第52卷，第1543—1562页。

② 菲利普·布朗、唐纳德·凯姆，艾伦·克莱顿和特里·马什：《股票收益季节性和税损卖盘假设》（*Stock Return Seasonalities and the Tax-Loss Selling Hypothesis*），《金融经济学期刊》2001年第12卷，第105—127页。

▪ 理论很出色，但我们何以重视它们

之前的内容介绍了学术界有关橱窗装饰和与税收有关的季节性效应的研究，现在我们尝试着理解这些激励如何改善动量策略的季节性效应。正如前面所讨论的，在一个季度结束之前，机构投资者有买入盈利股、卖出亏损股的橱窗装饰激励。这种行为导致了我们的第一个假设：

- 假设1：动量利润在季末是最高的，因为橱窗装饰可能导致机构买入高动量股、出售低动量股的需求。

与季节性和动量有关的另一个假设是，应纳税投资者为了最小化税负，希望在年末出售亏损股、买入盈利股。这导致了我们的第二个假设：

- 假设2：税收激励导致12月份出现强劲的动量利润，因为盈利不太可能面临抛售压力，而输家则可能遭受抛售压力。然而，与税收有关的流动在年初会出现反转。

当我们把橱窗装饰和税收最小化假设结合起来时，我们应该能看到季度末月份（3月、6月、9月、12月）的动量利润较高，年度末月份（即12月）的动量利润比较特殊。我们还应该能看到1月份的动量利润较差。在1月份，前几个月的税收激励消退，对亏损股和盈利股的需求也回归至正常水平（即受损股票受到了正面的需求冲击，盈利股票受到了负面的需求冲击）。

理查德·西亚斯检验了上述所有观点。他发现，有强有力的证据支

持动量是高度季节性异象的观点。① 为了评估动量利润，西亚斯构建了多头/空头组合，即在过去6个月的持有期内动量排名前10%的多头股票组合和过去6个月持有期内动量排名后10%的空头股票组合。图7.1展示了这一多头/空头组合的结果。

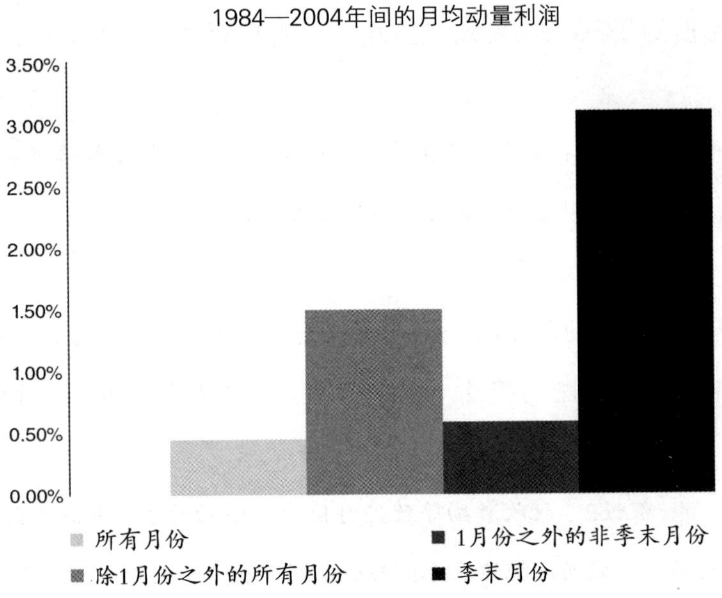

图7.1 1984—2004年间动量利润的季节性

从所有月份来看，1984—2004年间的月均利润率为0.45%，全年利润率约为5.4%。去除1月份后，该组合的月均利润率为1.50%，全年利润率约为18%。1月份的影响确实很大，季末月份也是如此。季末月份的平均动量利润率为3.10%，而非季末月份的平均动量利润率仅为0.59%，两者

① 理查德·西亚斯，第48—54页。

整整相差5倍！在高水平的机构交易中（橱窗装饰激励最高），尤其是在12月份（税收激励最强），股票的这种模式尤其明显。这些证据充分说明，设计动量策略的任何人都要考虑季节性因素。图7.1中所显示的多头/空头动量股组合的结果与橱窗装饰和税收最小化假设相一致，即在接近季度末时，管理者会“装饰”他们的组合，这样赢家股表现良好（因为它们正被买入），而受损股表现糟糕（因为它们正被抛售），而且在所有月份中，12月份具有最高的动量收益，收益率为5.52%（反映了橱窗装饰和税收压力）。

证据表明，季节性在动量选股策略中扮演着重要的角色。关于这一点，西亚斯一语中的，他说：“试图利用收益动量的投资者应当把精力集中于季末月份……”下一节中，我们将采用西亚斯的方法来探讨如何利用季节性构建一个更为出色的选股动量系统。

■ 动量的季节性：结果

我们先来展示和扩展西亚斯于2007年开展的研究。我们以1927年1月至2014年12月间的所有中盘和大盘股为研究对象，运用第五章和第六章介绍的方法检验了季度再平衡动量组合的市值加权收益。高动量（排名前10%）和低动量（排名后10%）组合的月均收益如表7.1所示。

我们从分析中得出的结论与西亚斯论文的结论相似。从“价差”一栏中可以看出，1月份的动量收益差显著为负，因为低动量组合优于高动量组合。比较低动量组合和高动量组合时，季末月份一般能产生最高的收益。3月份的动量利润为正，优于同季度的其他月份，但与6月、9月和

12月相比，其表现就不那么突出了。但正如西亚斯在其论文中指出的，3月份的结果支持橱窗装饰假说，因为直到临近年末前，机构进行橱窗装饰的激励都比较低。

表7.1 月均收益

	低动量股收益率	高动量股收益率	价差（高动量股收益率—低动量股收益率）
1月	2.91%	1.19%	−1.72%
2月	−0.24%	1.65%	1.89%
3月	0.13%	1.86%	1.73%
4月	1.33%	1.85%	0.53%
5月	0.09%	0.82%	0.73%
6月	0.01%	1.56%	1.55%
7月	1.77%	1.21%	−0.56%
8月	1.96%	1.34%	−0.62%
9月	−1.63%	−0.20%	1.44%
10月	−0.54%	0.75%	1.28%
11月	0.67%	2.39%	1.71%
12月	0.19%	2.95%	2.76%

我们从图7.2中可以更直观地看出高动量股组合和低动量股组合的月均收益之间的价差，结果与西亚斯的相似。

以上的分析使我们对西亚斯的原始结果的稳健性充满了信心（我们运用国际数据进行检验后也得出了相似的结论）。现在我们需要确认如何利用这些知识完善动量策略。我们知道，1月份是重要的动量“负收益”

月份，应当避免，但我们真的要在12月末抛售高动量股、在1月份之前买入低动量股、又在2月份之前重新买入高动量股吗？从理论上说，做出这样的行为是合理的，但实际上，由于市场的流动性和摩擦成本，在实践中很难完成这样的操作。

我们对摩擦成本和市场流动性的分析表明，就合理规模的投资组合而言，利用12月到1月的动量效应是不现实的，所以我们放弃了这一念头，但我们仍然可利用动量的季节性。我们可以建立一个能够利用季末的橱窗装饰和年末的税收激励的系统。但我们如何利用这些知识呢？由于季末的动量利润最高，而且这可能是管理人对投资组合进行了橱窗装饰所导致的，所以我们假设季末月份之前做出的再平衡会产生最高的收益。

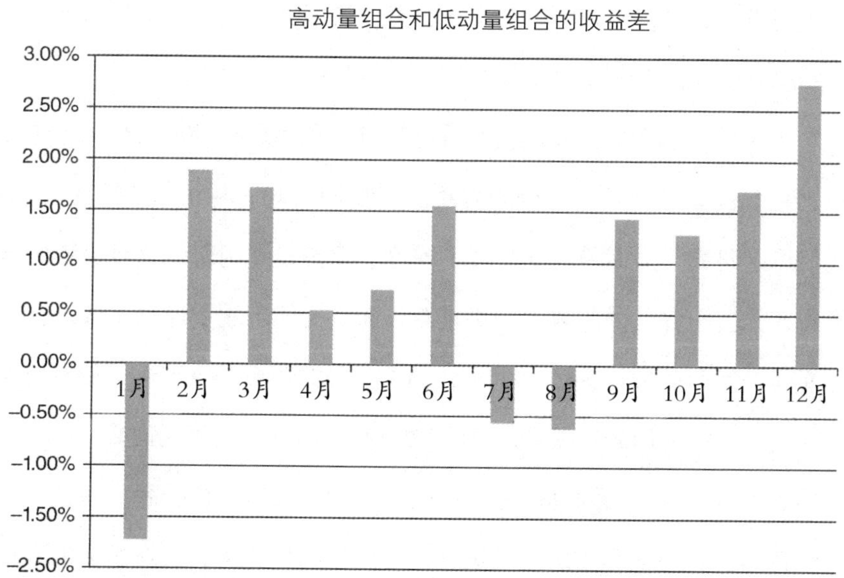

图 7.2　1974—2014年间的动量收益差

我们检验这一假设：利用了季节性效应的明智再平衡能够改善动量策略。在第五章和第六章中，我们运用3个月持有期的重叠投资组合研究了动量投资的收益结果。提示一下读者，重叠投资组合的工作原理是这样的：设想此刻是2014年12月31日，即2014年的12月底。我们计算出一般动量指标并运用1/3的资本购买高动量股票。这些股票直到2015年3月31日前会一直留在投资组合内。2015年1月31日，即第一次买入高动量股的一个月之后，我们运用另外1/3的资本买入高动量股，动量股按2015年1月31日的动量值排名。这些股票在2015年4月30日前会一直留在投资组合内。2015年2月28日，即第二次买入高动量股的一个月之后，我们运用余下的1/3资本买入高动量股，这些股票在2015年5月31日之前也会一直留在投资组合内。这样的过程每月重复一次，从而产生了重叠的投资组合。而重叠的投资组合的收益反映的是受管理的基础投资组合与重叠投资的混合收益，这可以将季节性效应降至最低。

当然，在对季节性和动量进行检验时，创建重叠投资组合（为了最小化季节性效应）并非正确的方法。当我们刻意地利用季节性效应时，我们可以研究季末月份之前形成的季度非重叠投资组合。这种投资组合形式在许多学界以外的人看来更直观，而且还能利用季度动量效应。具体而言，我们在2月、5月、8月和11月末交易非重叠的季节性动量投资组合，这样可以利用3月、6月、9月和12月份的动量利润。我们持有这一非重叠的投资组合3个月时间，这意味着每年有4次再平衡。我们将这一投资组合的表现与在季末之前未进行再平衡的其他非重叠投资组合的表现进行比较。我们假设，利用了动量季节性效应的非重叠季度再平衡组合的表现要优于没有利用动量季节性效应的其他投资组合。

与之前一样，我们只检验中大盘股，而且投资组合是按企业的市值加权构建的。分析的样本期间是1927年3月1日至2014年12月31日。[①] 采取的步骤与第五章中的一样，即（1）根据过去12个月（忽略最后一个月）的累积收益将股票分类；（2）考察过去收益排名前10%的股票的收益。

表7.2　动量投资组合年化收益的季节性

	明智的再平衡	一般再平衡	愚蠢的再平衡	不考虑季节性的再平衡
CAGR	15.97%	15.65%	15.06%	15.49%
标准差	23.99%	23.96%	23.90%	23.62%
下行偏差	17.93%	17.56%	17.70%	17.43%
夏普比率	0.60	0.59	0.57	0.59
索提诺比率（MAR= 5%）	0.72	0.71	0.68	0.71
最大回撤率	−74.19%	−73.35%	−77.43%	−73.90%
最差月收益	−30.09%	−31.01%	−30.45%	−30.00%
最佳月收益	32.35%	39.53%	31.15%	33.88%
盈利月占比	62.71%	62.14%	62.14%	61.86%

表7.2列出了再平衡周期不同的4种投资组合的收益。这4种组合分别为：

- 明智的再平衡投资组合：最明智的季节性再平衡投资组合。

① 为了改进“明智的再平衡”投资组合，我们舍弃了1927年1月和2月的数据，因此起始日期从1927年1月1日变成了1927年3月1日。

这种组合在2月、5月、8月和11月交易结束之际进行再平衡。

- 一般再平衡投资组合：投资组合在1月、4月、7月和10月交易结束之际进行再平衡。
- 愚蠢的再平衡投资组合：对季节性的考虑最不明智的投资组合，在12月、3月、6月和9月收市时进行再平衡。
- 不考虑季节性的投资组合：每个月进行再平衡并且持有期为3个月的重叠性投资组合。

所有的投资组合收益均为市值加权收益，结果如表7.2所示。

表7.2中的结果证实了我们的假设：可以通过更明智的再平衡来利用动量的季节性效应。投资组合收益为等权重收益时（未显示），季节性效应更明显。明智的再平衡投资组合既利用了推动动量利润的橱窗装饰效应也利用了税收激励效应，因此是所有投资组合中表现最好的。表现最差的投资组合是在最糟糕的时间点系统性地进行再平衡的投资组合。最后，不考虑动量季节性的再平衡投资组合和一般再平衡投资组合的收益介于明智的再平衡投资组合和愚蠢的再平衡投资组合之间。我们从中得到的启示很简单：在构建动量系统时要关注其季节性。

■ 小结

我们在本章首先探讨了两种可能推动股市季节性效应的机构投资行为：橱窗装饰和税收最小化。接下来，我们重点介绍了有关这两种激励与动量利润之间的关系的研究。最后我们对季节性和动量利润进行了分析。本章结尾时，我们分析了不同的再平衡方法对一般动量策略的盈利能力的影响。我们的关键结论是，要想利用好动量利润的季节性效应，投资者就要设计好能最大化表现的再平衡计划。

第八章 量化动量击败市场

……我们盲目地遵循这一模式。无论你认为它有多明智或多愚蠢，你都会照着它做。

——詹姆斯·西蒙斯

文艺复兴科技公司（Renaissance Technologies）①

第五章至第七章介绍了理解量化动量系统所需的基础知识。第五章介绍了学术研究中常用的一般相对动量指标。一般动量是量化动量系统的起点。我们以某只股票在特定回溯期（如过去12个月）并忽略最后一个月的总回报（包括股息）计算一般动量指标。我们计算了我们的可投资领域内所有股票的这一指标。

接下来我们介绍量化动量系统另一个方面的内容，即如何区分一般

① 詹姆斯·西蒙斯（James Simmons）:《数学、常识和好运：我的人生和事业》（*Mathematics, Common Sense, and Good Luck: My Life and Career*），麻省理工学院研讨会，2011年1月24日。

动量股。回想一下，我们在第六章中讨论了两种投资者行为 :（1）偏好彩票型资产 ;（2）有限的注意力。我们首先展示的证据表明，持有短暂地出现表现“高峰”的股票往往收益较差，这是偏好彩票型股票的投资者错误定价导致的结果，接下来我们考察了所谓的温水煮青蛙动量算法（FIP），这一算法试图量化高动量股票的路径。该指标的计算公式为 :

FIP =（过去的收益）×（负收益天数百分比 — 正收益天数百分比）

我们计算了过去252个交易日内所有高动量股的FIP值，并列出了负收益天数和正收益天数的百分比。负收益天数的百分比减去正收益天数的百分比所得的值乘以一般动量值（即过去12个月并忽略最后一个月的总回报率）。例如ABC股票的一般动量值为50%，在过去的252个交易日中，该股票收益为负的交易日占35%，收益持平的交易日占1%，收益为正的交易日占64%，那么，ABC公司股票的FIP值=（+1）×（0.35−0.64）=−0.29。当FIP值为负值时，数值越大表示结果越好。FIP算法将高动量股分为了价格路径较为连续的（即平稳的，信息要素的扩散是逐步的）高动量股和价格路径较为间断的（即跳跃的，信息要素的扩散是即时的）高动量股。运用FIP算法可谓一举两得，因为它系统性地减少了彩票型股票特征的风险敞口，使投资者专注于这样的高动量股 : 系统性地对好消息反应不足可导致其表现卓越。

在第七章中，我们探讨了季节性与动量策略之间的关系，得出的核心结论是，橱窗装饰和税收最小化激励可能对动量策略在不同时间的盈利能力产生影响。我们讨论了利用季节性效应的难度，因为现实世界中存在摩擦成本，交易也极为复杂。然而，我们强调，通过将季节性知识纳入动量策略的再平衡计划中，我们可以间接利用它们。我们的研究强调的是，契合时机的动量策略再平衡，即比进行橱窗装饰和税损卖盘的投资者先行一步的交易策略，能够对预期的表现产生积极的贡献。

最后，我们将量化动量的过程分解为5个连续的步骤（如图8.1所示）：

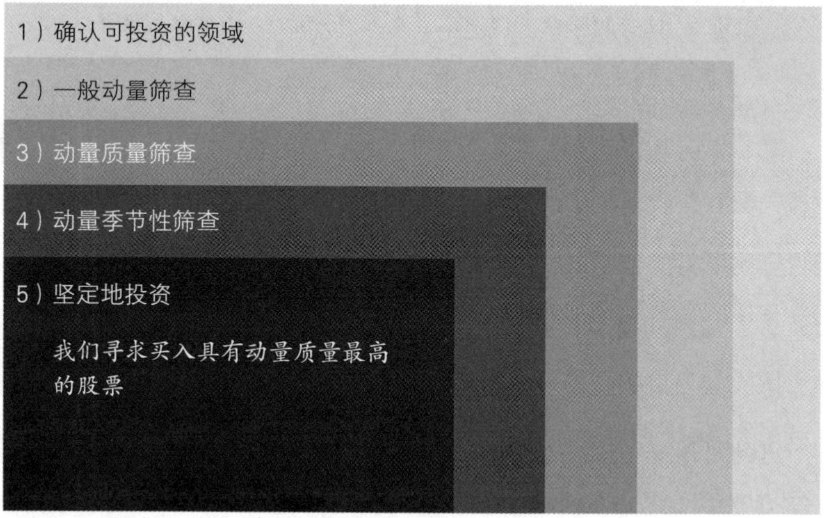

图8.1 量化动量步骤

1. 确认可投资的领域：我们的可投资领域通常为在美国证券交易所交易的中大盘股。

2. 一般动量筛查：根据过去12个月（忽略最后一个月）的收益将可投资领域内的股票排序。

3. 动量质量筛查：运用FIP算法，对高动量股的动量质量进行筛查。

4. 动量季节性筛查：运用有关动量投资的季节性知识决定再平衡时机。我们在每个季度的末月前进行再平衡。

5. 坚定地投资：投资于由动量质量最高的股票组成的组合，且组合内的股票要集中。这种形式的投资需要投资者恪守承诺并具有偏离标准基准的意愿。

下面介绍一个符合上述步骤的假设的投资组合建设方案。假定步骤1中的可投资领域是1000只股票。在步骤2中，我们计算出这1000只股票的一般动量值，并确定排名前10%的股票，也就是一般动量值最高的100只股票。在步骤3中，我们计算出步骤2中确认的100只高动量股的FIP值，并按FIP值排序，值越低的动量质量越高。然后我们选定其中一半或50只具有平稳动量路径的股票。在步骤4中，我们构建典型的投资组合，而且为了利用季节性效应，我们在2月、5月、8月和11月末对投资组合进行再平衡。最后，在步骤5中，我们以等权重法（以最大限度地降低股票的特定风险）构建包含大约50只股票的投资组合，并且为应对相对较高的波动率和长期的出色表现（和糟糕不佳）做好准备。

■ 交易成本

人们在讨论动量投资为何失败、为何将其视为没有头脑的交易技术分析异教徒所采用的策略时，常将交易成本视为核心的原因。我们在第五章中介绍了一些有关动量利润（扣除交易成本）主题的学术研究。尽管学术界的共识是，交易成本对动量策略很重要，就像交易成本对任何积极的投资策略都很重要一样，但现实中流传着一个影响力极强的神话：动量策略的代价太高，运用起来不划算。宣扬这一“神话”的常常是那些不熟悉这一主题相关研究的人，以及在实践中从没体验过动量策略的人。克里福德·阿斯尼斯等人在《事实、虚构和动量投资》一文中驳斥了这种观点。阿斯尼斯简洁明快地指出：“你不需要做太多的计算工作就能意识到动量很容易在交易成本中幸存下来。”① 我们鼓励感兴趣的读者探讨并对比弗拉兹尼、以色列、莫斯科维奇和莱斯蒙、席尔、周春生在各自的论文中对动量交易成本的分析，前3位作者在论文中运用了来自AQR资本的连续时间数据分析了实际的交易成本②；后3位作者则估算了日交易成本，而且，他们在进行日内分析时采用的学术处理方法是，不考虑专业投资者具有较低的交易成本、不实施能最低化再平衡成本的策略。③ 当然，过度琢磨阿斯尼斯的研究就太愚蠢了。常识表明，人们不能动辄就将数十亿美元的资金用于无追索权的动量策略。随着时间的推移，当更多受管理的资本被部署到动量策略中，而交易成本没有相应下降时，动量策略的净收益就可能减少。

在测试量化动量算法时，我们必须在投资模拟一开始就决定如何将交易成本纳入我们的回测中。为简单起见，我们计入了1%的管理费，这一做法的假设前提是，大多数投资者都需要聘请专业人士来实施可靠的动量策略，而且我们还纳入了0.20%的再平衡成本。这一成本值是根据季

① 克里福德·阿斯尼斯、安德烈·弗拉兹尼、罗恩·以色列和托比亚斯·莫斯科维奇：《事实、虚构和动量投资》，《投资组合管理期刊》2014年第40卷，第75—92页。

② 安德烈·弗拉兹尼、罗恩·以色列和托比亚斯·莫斯科维奇：《资产定价异象的交易成本》，AQR工作论文，2014年。

③ 大卫·莱斯蒙、迈克尔·席尔和周春生：《动量利润的虚幻性》，《金融经济学期刊》2004年第71卷，第349—380页。

度再平衡策略设定的，也就是说一年要计算4次再平衡成本，即年度再平衡成本为0.80%。除非另有说明，在本章的所有分析中，每年的总管理费用和交易成本总计为1.8%。

读者可能本能地认为费用应该更低或更高一些，在做出这些本能的反应之前，请先考虑这一事实：我们已经知道，上述估计值不太可能是真实的数值，而且它们的变化幅度很大。事实上，不同的投资者有不同的成本结构、税负、交易和执行能力。对一组投资者的成本假设可能远远高于（或低于）另一组。我们在这里只是想设定一个基准成本，用它来反映成本可能对最终结果产生一定影响的事实。在现实的动量策略交易中，我们承担的交易成本可能远远低于假设值，但历史上的交易成本可能远远高于假设值。我们希望，我们的估计值既不太高也不太低，而是刚刚好。我们无意声称我们得到了完美的答案，我们鼓励所有的投资者测算运转这些系统的预期成本，并对结果做出相应的调整。

■ 可投资领域的参数

为了确保其他研究人员有足够的信息来重复我们的研究和验证我们的结果，我们在表8.1中列出了我们所研究的股票领域的细节和分析中运用的假设。我们的股票领域是变化的、可投资的，而且在每个再平衡期间，股票领域的最低市值大于纽约市场交易所40%的市值。我们的分析期间为1927年3月1日至2014年12月31日①，数据来自学术研究中常用的数据

① 与第七章末相似，我们的分析时期稍有改变，从1927年的1月1日变为1927年3月1日，这样可以促进季节性再平衡。

库CRSP（证券价格研究中心）。

表8.1 可投资领域的选择参数

项目	项目描述
市值	纽约证券交易所40%临界值
交易所	纽约证券交易所（NYSE）/美国证券交易所（AMEX）/纳斯达克股票市场（NASDAQ）
包括的证券类型	普通股
排除的行业	无
收益数据	根据股息、股票分割和公司行为对价格进行了调整
股票退市算法	见威廉姆·比佛、莫林·麦克尼尔斯和理查德·普莱斯（Richard Price）:《退市收益及其对基于会计的市场异象的影响》[①]
投资组合权重	市值加权（VW或市值加权）

■ 量化动量分析

我们深入分析了量化动量系统的历史表现。我们的分析步骤为：

- 概括统计
- 回报分析
- 风险分析
- 稳健性分析

① 威廉姆·比佛、莫林·麦克尼尔斯和理查德·普莱斯：《退市收益及其对基于会计的市场异象的影响》,《会计和经济学期刊》2007年第43卷，第341—368页。

概括统计

表8.2列出了对量化动量策略表现和风险状况的标准分析，并与一般动量策略（无季节性，无FIP）和标普500总回报指数进行了比较。表8.2中所示的三种动量策略的收益率均去除了1.8%的费用，而且标普500总回报指数中包含费用。我们赋予了被动指数不切实际的成本优势（即免费），这样可以确保我们对结果的估计是保守的。为保持一致性，所有结果均按市值加权法计算而得。另一种加权方案是对投资组合持仓量进行等权重加权，这种方案有两个方面的益处：

1. 保持多元化——为每只股票分配相同比例的资金，这样投资组合中没有任何股票具有较高的权重。
2. 利用小盘股效应——整体来看，小盘股过去的收益比较高，这对我们的投资组合而言意味着较高的期望收益。

表8.2显示，量化动量策略产生了15.80%的复合年均增长率（CAGR），明显优于一般动量策略13.45%的表现。量化动量策略也优于标普500指数，后者的收益率为9.92%。

尽管量化动量投资获得了较高的收益，但其波动性要高于基准投资组合，这是意料之中的，因为量化动量投资要比被动基准投资（整个时期内平均股数为43.9只）更集中，而且量化动量投资策略更难运用。量化动量的标准差为23.89%，而消极的标普500基准的标准差仅为19.11%。尽管波动率比较高，但风险调整后的参数仍然利于量化动量策略，其夏普比率为0.60，远高于标普500的0.41。量化动量策略的下行波动率比较高，其下行偏差为17.56%，而基准的仅为14.22%。然而，较高的收益抵补了较高的下行波动率带来的不利影响，导致了量化动量策略的索提诺比率为0.72，而基准的仅为0.44。

表8.2 市值加权量化动量表现（1927—2014年）

	量化动量（净值）	一般动量（净值）	标普500
CAGR	15.80%	13.45%	9.92%
标准差	23.89%	23.62%	19.11%
下行偏差	17.56%	17.44%	14.22%
夏普比率	0.60	0.51	0.41
索提诺比率（MAR= 5%）	0.72	0.60	0.44
最大回撤率	−76.97%	−75.81%	−84.59%
最差月收益	−31.91%	−30.15%	−28.73%
最佳月收益	31.70%	33.73%	41.65%
盈利月占比	63.00%	61.39%	61.76%

表8.2中的最大回撤率指的是不同策略下可能出现的最差的峰谷收益率。从表中可以看出，量化动量策略的实施过程可能极为痛苦！该策略的最大回撤率是−76.97%，这是大萧条时期的回撤率（基准的回撤率更大，为−84.59%）。

我们必须强调这一点：投资者要为动量策略的高波动性和回撤风险做好准备，这是动量系统能在未来奏效的主要原因，但增加的期望收益完全能够补偿这些风险带来的损失，这也是动量异象的源头。

回报分析

图8.2显示了量化动量组合相较于其他组合的累积表现。

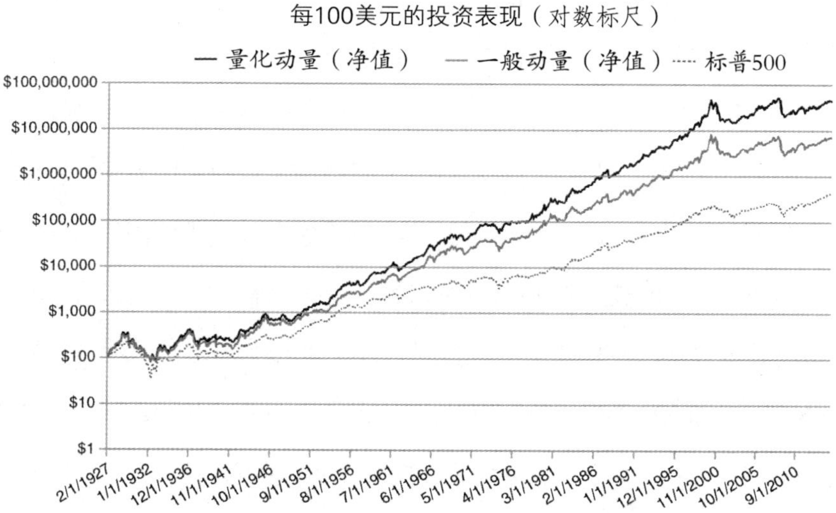

图8.2 量化动量的累积价值（1927—2014年）

表8.3 各个十年期的复合年均增长率

	量化动量（净值）	一般动量（净值）	标普500
1930—1939	3.08%	1.64%	−1.34%
1940—1949	11.01%	11.85%	9.15%
1950—1959	24.98%	21.31%	19.42%
1960—1969	20.50%	18.26%	7.84%
1970—1979	13.93%	13.21%	5.83%
1980—1989	24.48%	17.38%	17.61%
1990—1999	36.48%	30.21%	18.37%
2000—2009	−3.58%	−4.88%	−0.68%

图8.2展示了优势在长期内累积的效果。量化动量组合的小幅优势导致了其在长期内与被动基准投资组合之间出现了令人惊叹的价差。

表8.3显示了量化动量投资组合的复合年均增长率（CAGR）和该组合与其他组合在各个十年期的相对表现。进行这一测试的意图是确认量化动量投资的表现在不同时间段的稳健性。

在8个十年里，有7个十年的量化动量组合表现优越。一些人可能担心的问题是，量化动量组合在最近这10年里表现糟糕。这是因为聪明的套利者消除了动量溢价从而使动量无效了吗？我们可能永远无法消除这种可能性，然而，10年的表现不佳并不出人意料。盖奇和萨摩诺夫在进行1801—1926年间的样本外检验时发现，长期的表现不佳情形曾多次出现。[①] 另外，正如我们在前文中解释过的，由于较高的波动性和职业风险，坚持这种策略是困难的。如果研究者检验的是等权重量化动量组合（未显示）的费用结果净值，那么在2000—2009年间，该组合的复合年均增长率实际上是出色的。尽管如此，世界上没有任何可持续的系统能一直奏效。而且，尽管图8.2使得量化动量看起来非常容易理解，但对更短时间段的深入观察却凸显了这样的事实：在1927年至2014年间，量化动量投资策略在某些时间段的表现极为糟糕。动量投资虽然简单，实施起来却不容易。

我们用不同的指标来评估不同滚动期的表现。图8.3a和图8.3b显示的是动量策略的五年滚动和十年滚动复合年均增长率。这两张图显示了不同时间点的持有期收益。一个稳健的策略应展现出一贯的出色表现，而一个“幸运”的策略则可能在一段时间内具有极好的表现，在另一段时

① 克里斯·盖奇和米哈伊尔·萨摩诺夫：《两个世纪的价格收益动量》，《金融分析师期刊》2016年。

间内却深陷困局。

图8.3a和图8.3b显示出，量化动量组合的五年和十年滚动收益均高于一般动量组合和标普500的。其他组合的表现优于量化动量组合的情形很少。量化动量投资表现不佳的两个时间段是大萧条时期和2008年金融危机后的时期。这样的表现不佳是值得期待和赞赏的，因为这些时期能“清洗掉”弱手（weak hands），从长期来看，可持续的策略会胜出。

风险分析

正如之前的分析所强调的，动量的威力在于能够产生超高的收益，这令被动基准组合的收益相形见绌。不幸的是，超高的期望收益会带来更大的风险。权衡动量投资的风险和回报仍然是有益的，但不承认风险增加是自欺欺人之举，而且不应当对潜在的动量投资者产生不合理的期待。我们对量化动量相关风险的分析如下所示：

我们的风险分析关注的是最大回撤率。最大回撤率指的是与时间序列相关的最大峰谷资金回撤率。最大回撤率反映的是买入和持有股票的投资者运用特定策略时所经历的表现最糟糕的情形。说白了就是：我可能遭受的最大损失是多少？

图8.4显示了量化动量策略1个月、12个月和36个月的总体回撤情形。

根据图8.4的结果可知，量化动量策略比其他策略更能保护资本。该策略的单一最大回撤率大于一般动量策略，但小于标准普尔500。然而，与其他策略相比，量化动量策略的1个月和12个月的滚动回撤率比较大。但其36个月的回撤率略微小于标准普尔500。要清楚的一点是，我们的投资组合是多头策略组合，所以它与大盘具有相似的回撤率。

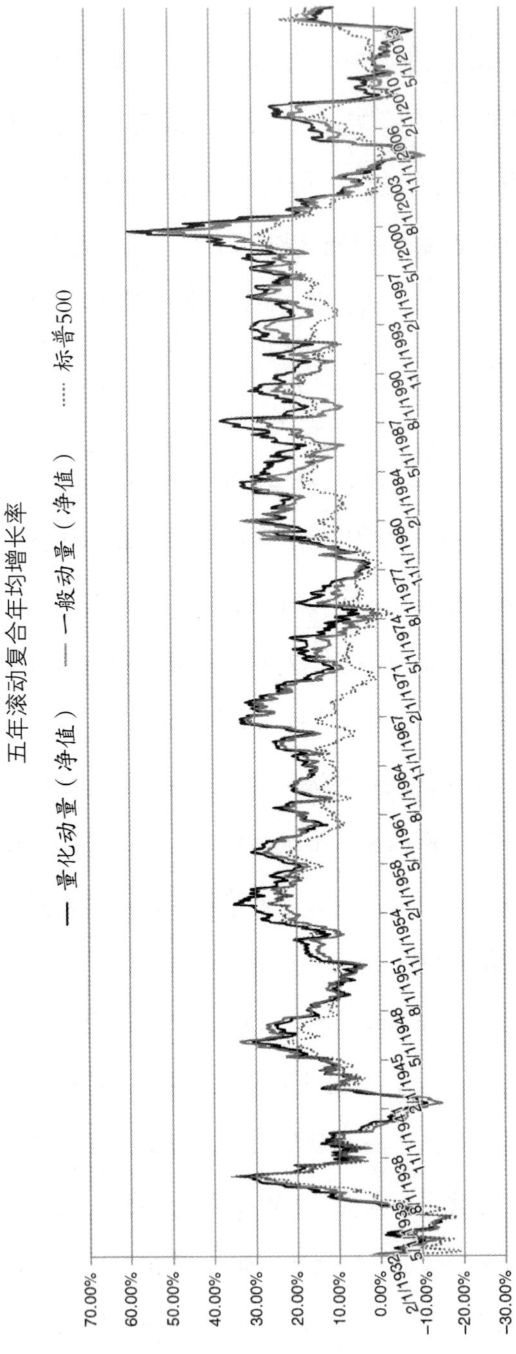

图8.3a　量化动量的五年滚动复合年均增长率

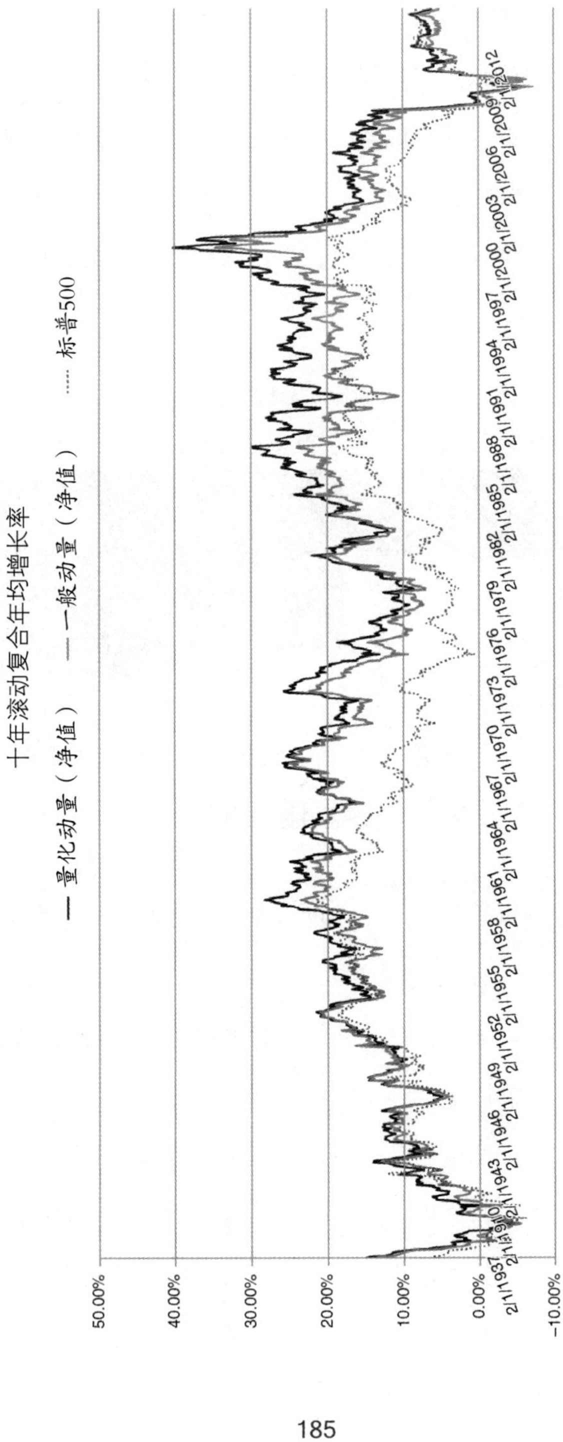

图8.3b 量化动量的十年滚动复合年均增长率

图8.5a和图8.5b显示了量化动量策略五年和十年滚动最大回撤率。这些图有助于研究者确认指定时间内（如五年或十年）一种策略的最大回撤的频率和幅度。但为什么说滚动回撤是一种有用的分析工具呢？设想两种策略具有相似的最大回撤率。一种策略历史上数次经历了大幅度的回撤，而另一种策略只经历过一次，滚动回撤分析能帮助我们确定高频率的大幅回撤。

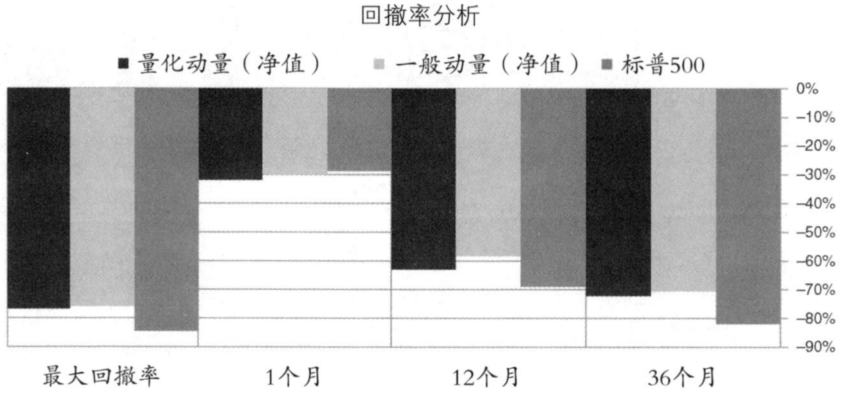

图8.4 概括性回撤率分析

滚动回撤率分析表明，量化动量策略的回撤幅度可能大于其他策略的回撤幅度。例如，在互联网泡沫之后，量化动量策略遭受重大挫折，特别是跟大盘相比。同样，在2008年的金融危机中，量化动量组合的处境要比大盘指数更加艰难。

最后，我们来评估量化动量策略在10次幅度最大的回撤期间的相对表现，以此结束本节的分析。我们比较了量化动量与被动指数在同一时期的回撤情况。这一分析让我们对量化动量策略与消极市场之间的尾部风险相关性有了深入的了解。表8.4突出了两点：一是量化动量是具有巨

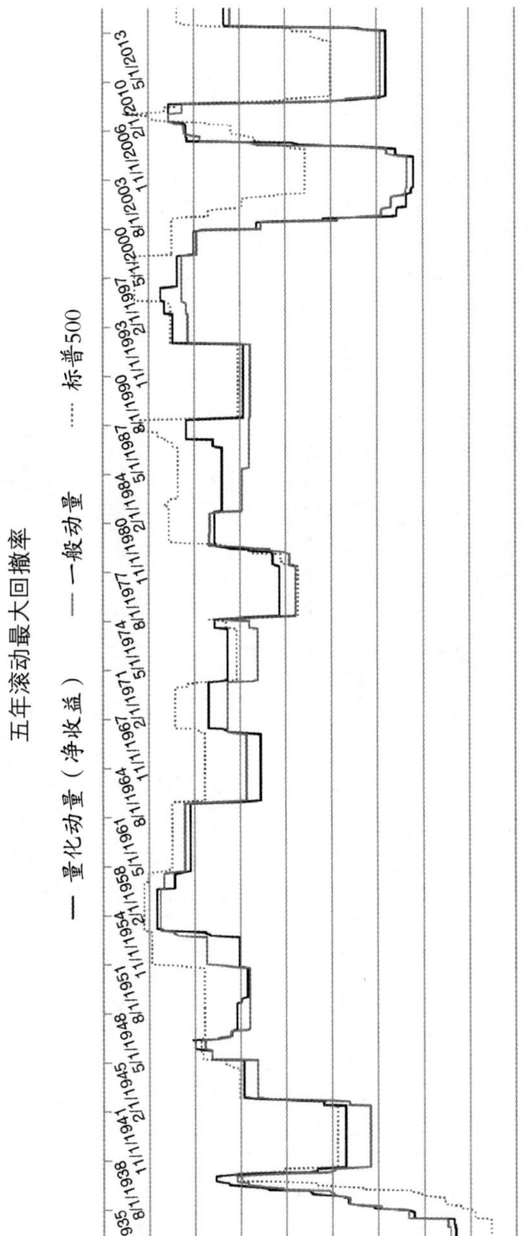

图 8.5a 量化动量的五年滚动最大回撤率

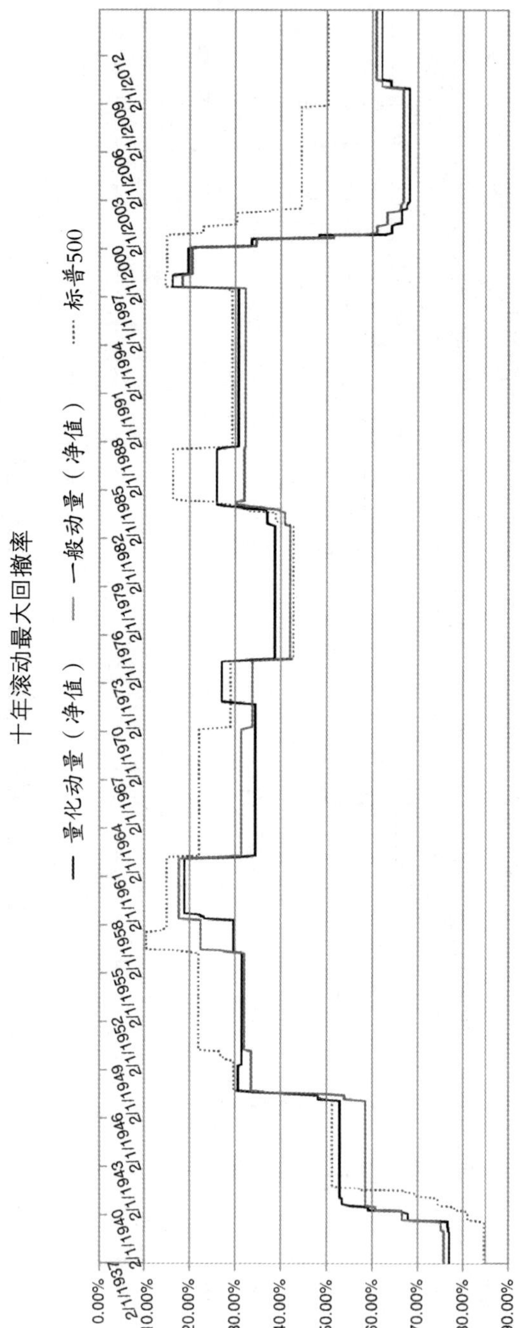

图 8.5b 量化动量的十年滚动最大回撤率

大回撤幅度的多头股票投资策略；二是动量策略的回撤率与大盘的回撤率相关。总体来看，量化动量投资组合会有较大的回撤率和较长的表现不佳时期，人们从一开始就应当预料到这一点。

表8.4　幅度最大的10次回撤

排名	起始日期	终止日期	量化动量	标普500指数
1	1929年1月31日	1932年5月31日	−76.97%	−80.67%
2	2000年2月29日	2003年2月28日	−68.14%	−35.14%
3	2008年6月30日	2009年2月28日	−62.12%	−40.82%
4	1937年3月31日	1938年3月31日	−52.99%	−51.11%
5	1972年12月31日	1974年9月30日	−38.68%	−42.73%
6	1961年11月30日	1962年6月30日	−34.57%	−21.97%
7	1946年5月31日	1949年6月30日	−31.69%	−13.77%
8	1987年9月30日	1987年11月30日	−30.88%	−28.00%
9	1940年4月30日	1942年4月30日	−30.81%	−26.52%
10	1968年11月30日	1970年6月30日	−27.23%	−29.23%

稳健性分析

本节中，我们从不同角度、以多种方式对投资策略进行检验，这样我们可以把握全局，确保概括性统计结果反映了不受极端异常值左右的广泛现实。

我们首先分析了自1927年以来量化动量策略与其他策略在各个牛市和熊市的市场周期中的表现。表8.5列明了计算市场周期收益的起始月和结束月。

表8.5 市场周期界定

	起始月	结束月
熊市	1929年9月	1932年7月
牛市	1962年6月	1966年2月
熊市	1968年11月	1970年5月
牛市	1970年5月	1972年12月
熊市	1973年1月	1974年9月
牛市	1982年6月	1984年12月
熊市	1987年7月	1987年12月
牛市	1987年12月	1990年7月
熊市	2000年3月	2001年9月
牛市	2001年10月	2007年7月
熊市	2008年8月	2009年2月
牛市	2009年3月	2014年12月

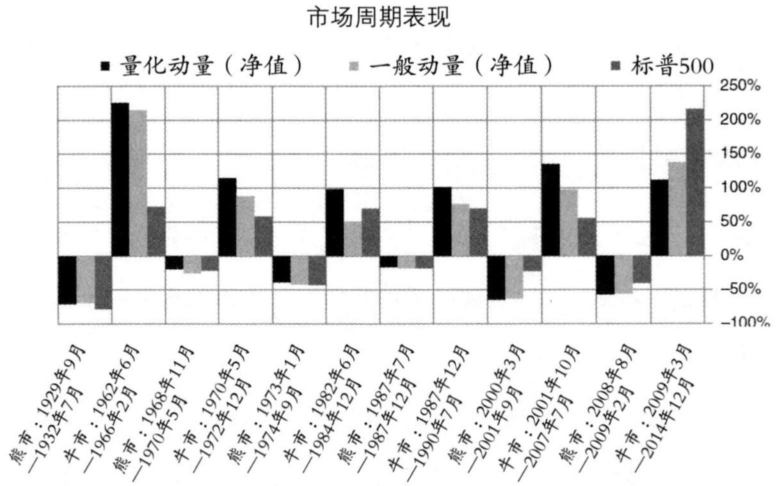

图8.6 量化动量的市场周期表现

图8.6表明，整体来看，在牛市期间，量化动量策略的表现与标普500的相似，而在熊市期间，量化动量策略的表现要优于标普500。

在最近的熊市和牛市中，量化动量的表现次于标普500。肯定会有人说“动量已死”。很好，我们希望这样的评论能够持续存在下去。尽管该策略可能偶尔在短期甚至长期内出现困难，但从整个市场周期来看，动量系统更有可能提供预期的出色表现。

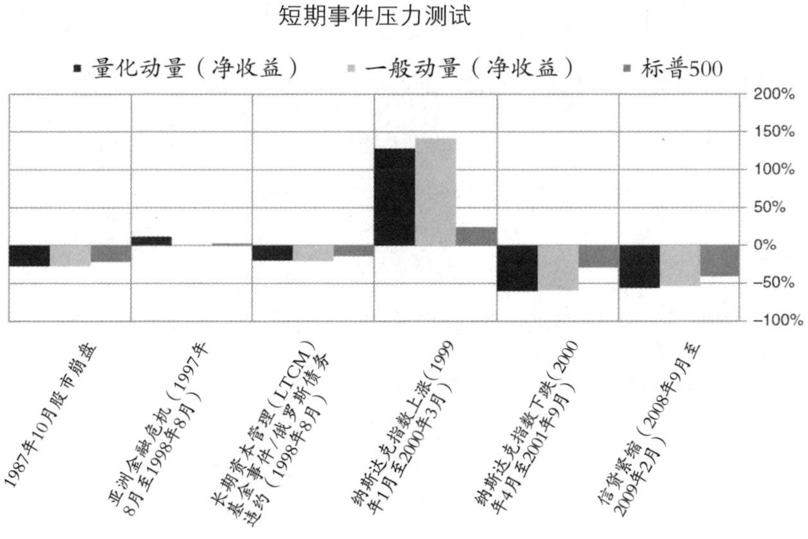

图8.7　量化动量的短期压力事件测试

图8.7显示了在最近的短期压力事件中，量化动量策略和其他策略的相对表现。这一分析考察的是一种策略在非常规短期市场事件中的表现。从图中可以看出，在纳斯达克指数上涨期间，量化动量策略的表现远远优于标普500，但在纳斯达克指数下跌期间和2008年的金融危机时期，量化动量策略的表现不佳。

图8.8a和图8.8b显示了量化动量策略的五年和十年滚动α值。α分析常出现在学术期刊上刊载的定量研究文章中。虽然研究人员估计α值的程序可能很复杂，但其背后的思想却很简单：在控制各种风险因子后，一种策略能够产生多高的超额平均收益？为了评估稳健性，我们运用不同的资产定价模型估计α值。我们运用资本资产定价模型（CAPM）来控制一般的市场风险；[①] 用法玛和弗伦奇的三因子模型（FF）[②] 来调整市场、规模和价值风险，并用四因子模型来解释动量。[③④] 这些因子均可在肯·弗伦奇的网站上查阅到。[⑤]

图8.8a和图8.8b证实，无论我们选择哪种资产定价模型，量化动量策略在五年和十年滚动基础上生成的α都具有相对一致性。四因子模型中的α是最小的，这一点毫不奇怪，因为该模型控制了一般动量的影响。从五年滚动α图来看，控制风险后，量化动量策略的表现只在少数情况下没有增加。而十年滚动α图则形象地展示出，从长远来看，量化动量为投资者的投资组合增加了价值。

① 威廉·夏普：《资本资产价格：风险条件下的市场均衡理论》（*Capital Asset Prices: A Theory of Market Equilibrium under Conditions of Risk*），《金融学期刊》1963年第19卷第3期，第425—442页。

② 尤金·法玛和肯尼斯·弗伦奇：《股票和债券回报中的常见风险因子》（*Common Risk Factors in the Returns on Stocks and bonds*），《金融经济学期刊》1993年第33卷，第3—56页。

③ 马克·卡尔哈特：《论共同基金表现的持续性》（*On Persistence in Mutual Fund Performance*），《金融学期刊》1997年第52卷，第57—82页。

④ 我们还使用法玛和弗伦奇的五因子模型进行了分析，该模型增加了盈利能力和投资因子。由于只能获得1963年之后的这些因子数据，因此我们在结算中没有显示这些结果。在样本外测试（1963—2014）中，我们包括了五因子模型并得到了相似的定性结果。

⑤ 见网址：mba.tuck.dartmouth.edu/pages/faculty/ken.french/data_library.html，访问时间为2016年3月1日。

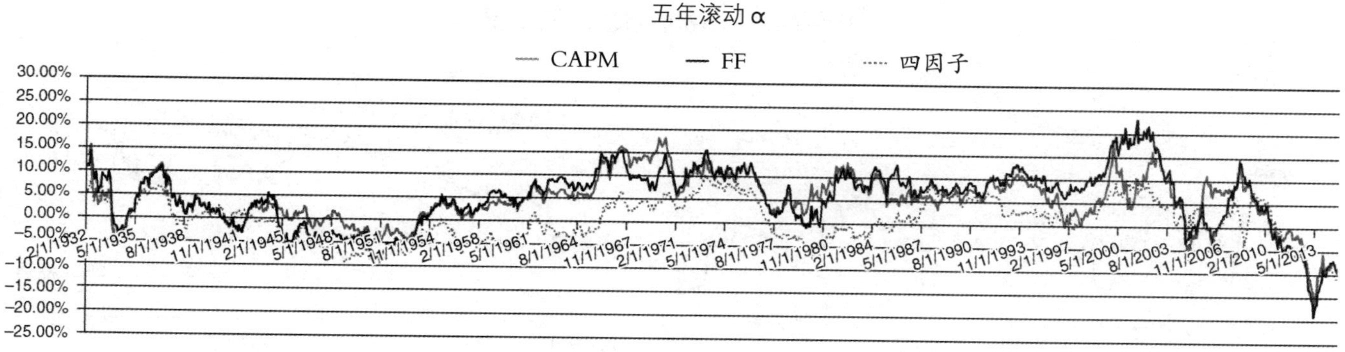

图8.8a 量化动量的五年滚动α

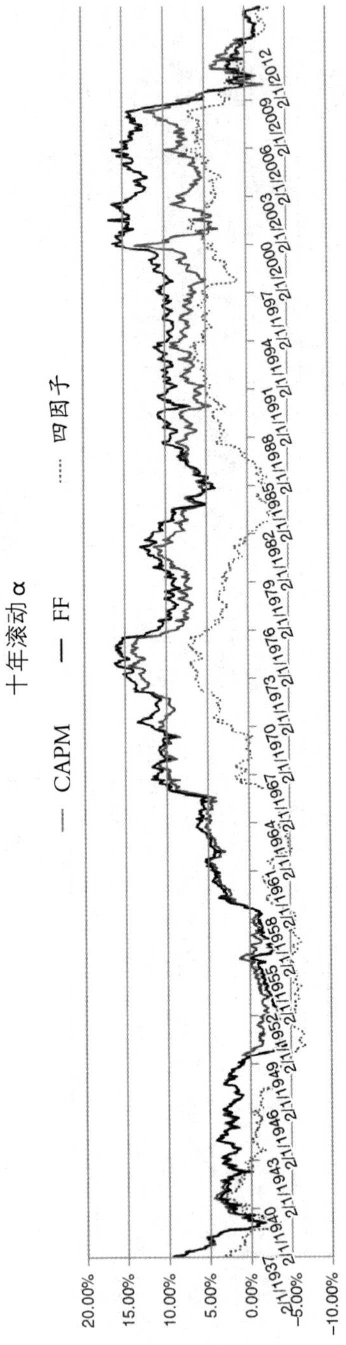

图8.8b 量化动量的十年滚动α

表8.6 量化动量的资产定价系数估计值

	α收益	市场资产组合因子（MKT−RF）	规模因子（SMB）	账面市值比因子（HML）	动量因子（MOM）
CAPM	6.30%	1.02	—	—	—
三因子	7.44%	1.05	0.17	−0.41	—
四因子	0.85%	1.17	0.21	−0.16	0.55

本节中，我们计算了不同资产定价模型的β和α估计值。表8.6显示了四因子资产定价模型的全样本系数估计值。MKT−RF代表纽约证券交易所（NYSE）/美国证券交易所（AMEX）/纳斯达克所有股票的市值加权超额收益（即市场收益率与无风险利率之差）；SMB是控制对小市值公司股票的暴露度的多头/空头因子组合，HML是控制对高账面市值比股票的暴露度的多头/空头因子组合；MOM是控制对近年来绩效最好的股票的暴露度的多头/空头因子组合。

结果如表8.6所示。在5%的置信水平下（双尾检验）显著的系数估计值用粗体显示。

表8.6显示，量化动量每年产生的“阿尔法收益”或者说已知的期望收益因子如市场、规模和价值不能解释的表现为6%~7%。纳入一般的动量因子时，量化动量组合不会产生任何显著的α值，但会对动量因子（MOM）产生积极的影响。对α的分析表明，量化动量策略的强势表现更多地与高β值而非更广泛的市场因子（MKT−RF的β值略高于1）有关，而且非常重要的是，该系统倾向于受小盘股（SMB值为0.17和0.21）而非价值股（HML值为−0.41和−0.16）的影响。如果我们将α统计量与一般

动量策略进行对比，HML之间的负向关系就不那么显著了（也就是说，多元化的好处并不多）。总体上，从因子分析的视角来看，与一般动量策略相比，量化动量策略不好不坏，差别仅在于：量化动量提供了高β版的一般动量策略，而且该策略与价值策略结合运用时也能够产生较高的多元化收益。尽管因子分析很重要，但我们认为，进行因子分析时应结合表8.2的结果，这样的分析才更加符合惯例也更加直观。

▪ 看看黑箱里有什么

量化方法通常被视为黑箱，不被投资界的许多人士所看好。数量分析专家得到的评价通常是负面的，当沟通简单且极度透明时，传统的"数量分析专家"会让事情变得过于复杂和不透明。他们奉行的逻辑是保持策略的"专有性"，防止他们的知识产权被投资者利用并获益。在不可持续、不断变化的交易策略背景下，这样的结果肯定会出现。然而，在讨论可持续、高度积极的长期投资策略时，不透明和缺乏了解会导致投资者失败。最痛苦的莫过于最恪守纪律、最顽强的主动投资者在维持生计时，那些头脑清晰、理解透彻、坚信自己投资程序的主动投资者已经赚得盆满钵满了。不完全理解一套程序何以有如此功效的人更可能为洞察力强的投资者提供较高的α，这些投资者会坚持积极的投资策略。

表8.7列出了2014年11月30日用量化模型选定的排名前10的股票。这一日期是我们的测试中最后一次再平衡投资组合的日期，在2014年11月末对投资组合进行再平衡可以利用季节性效应，因为我们会持有该组合3个月的时间，即到2014年12月31日为止。表8.7列出了重要的概括性统计结果，

例如公司的动量值（按过去12月、忽视最后一个月的总回报计算）和正收益天数比例与负收益天数比例之差（用来创建温水煮青蛙变量）。

表8.7 2014年12月31日量化动量投资组合

股票名称	股票代码	动量	正收益天数百分比－负收益天数百分比
国际整流器公司（International Rectifier Corp.）	IRF	66.1%	24.3%
万豪国际集团（Marriott International Inc.）	MAR	62.6%	22.3%
恩智浦半导体（NXP Semiconductors N V）	NXPI	61.6%	21.5%
闪迪公司（Sandisk Corp）	SNDK	39.8%	21.1%
澎泉思蓝宝集团（Dr. Pepper Snapple Group Inc.）	DPS	47.7%	20.3%
西南航空公司（Southwest Airlines Co.）	LUV	87.0%	19.1%
戴那基能源公司（Dynegy Inc.）	DYN	42.5%	18.3%
朝圣者之傲公司（Pilgrims Pride Corp New）	PPC	73.4%	18.3%
风川公司（Windstream Holdings Inc.）	WIN	44.7%	17.9%
万灵科制药公司（Mallinckrodt Plc.）	MNK	77.4%	17.9%

表中列出了许多耳熟能详的名字，但它们并不必然是动量值最高的股票。许多企业的名字听着都让人有些厌烦了，但它们的价格信号表明，持续的利好信息推动了它们的动量。这一类公司与未列出的高动量公司

形成了鲜明的对照，后者包括：特斯拉汽车（Tesla Motors）、怪兽饮料（Monster Beverage）、安进（Amgen）、绿山咖啡（Green Mountain Coffee）和太阳风（Solarwinds）。这些公司虽然都具有高动量，但它们的动量路径更具间断性，并且有大幅度的短期峰值表现出现。

■ 用量化动量击败市场

动量显然是稳健的，而且已被研究和记录了好多年。其中典型的研究是，克里斯·盖奇和米哈伊尔·萨摩诺夫运用长达200余年的股票数据证实了动量是长期存在的，而且认为“动量效应并非数据挖掘的结果”[①]。在本章中，我们展示了我们的量化动量系统，它反映了本书中所介绍的研究和概念。我们并没有声称我们的解决方案是“最好的”或“最优的”，但我们确实认为我们的程序是合理的，而且它以一种连贯且合乎逻辑的方式与行为金融学联系了起来。[②]这套程序未来仍有效吗？没有人知道答案，但回顾本书前4章的内容可知，我们设计出了一个框架，它能确定一种史上强大的策略能否在未来依然奏效。我们怎样才能确保动量持续发挥作用呢？我们借鉴解释价值投资缘何起作用的相同逻辑来解答这个问题。也就是说，可持续的主动投资策略生效需要具备以下条件：

① 克里斯·盖奇和米哈伊尔·萨摩诺夫。

② 我们还完成了本章未提及的多种检验和分析。想查看相关结果（如年化收益）的读者请登录网站www.alphaarchitect.com/联系作者索取。

- 错误定价
- 高成本套利

就错误定价而言，只要人类遭受系统性预期误差的影响，价格就可能偏离基本价值。在价值投资背景下，这种预期误差似乎是对利好信息的反应过度导致的，而在动量投资背景下，预期误差可能是对利好信息和可预测的季节性效应反应不足导致的。价值和动量实际上是同一行为偏差硬币的两个面。

但为什么一些聪明的投资者不利用动量策略（或价值策略）进行套利呢？正如我们之前所讨论的，错误定价机会被消除的速度取决于利用它们的成本。不谈交易成本和信息获取成本（这些都是有成本的，但我们假定这些成本对我们的论证不重要），利用长期错误定价机会的最大成本是代理成本或职业风险问题。由于投资者委托专业人士代表自己管理资本，因此产生了职业风险问题。不幸的是，投资者在评估基金管理者的表现时，通常看重短期相对表现，这就对专业的基金管理者造成了扭曲的激励。一方面，由于较高的预期长期表现，资金管理人想要利用错误定价机会；另一方面，他们在利用错误定价机会时不能导致预期表现偏离基准太远、太久。总而言之，像价值和动量这样的策略可能会继续发挥作用，它们有时会大幅落后于被动基准。顺着这一逻辑可知，只要符合如下条件，我们就可以相信动量策略如价值策略一样，是可持续的：

- 投资者继续遭受行为偏差的影响。
- 授权的委托人是短视的表现追逐者。

我们认为这是未来两个可靠的假设。我们相信这些假设，因此我们认为总是存在流程驱动的、关注长期且能严守纪律的投资者。如果我们能够消化吸收从可持续的主动投资框架中得到知识，并且信任这一框架，那么我们会坚定地实施许多令投资者感到非常不适的策略。对一位成功的投资者而言，严格遵循程序的能力是最重要的素质。实际上，如何投资几乎是次要的问题，但别忘了沃伦·巴菲特所说的，“投资简单却不容易”。

第九章 使动量在实践中奏效

事前再怎么计划也很难预测对手的攻击。

——拳王麦克·泰森（Mike Tyson）

在现实世界中，全力投入量化动量必定会考验最专注的投资者的耐心。无人有坚持这一计划的自制力，包括我们。我们甚至不用这种策略投资自己的资本，我们也不建议投资者将他们的所有股票组合都变成高信念动量股组合。动量股仅是多元化股票组合中的一部分。正如第四章指出的，动量投资组合最好与高信念价值投资组合结合使用。价值和动量相结合的投资组合能够降低单独运用一种投资策略时相对表现落后的幅度，能使投资者坚持权益投资计划。致力于纯粹的价值投资或动量投资就好像坐在只有一条腿的凳子上。那么，为什么不坐有多条腿的凳子呢？确定卓越的价值投资方法，确定前景看好的动量投资方法，将二者结合起来，构建能适应各种变化的股票投资组合。

▪ 两条腿的凳子：价值+动量

为了使价值和动量综合投资组合更加明确，我们研究了我们自己的投资方法。我们将本书中介绍的量化动量算法与经过同样严格测试的价值策略结合了起来。卫斯理在《量化价值投资》（*Quantitative Value*）[①]一书中介绍了如何构建系统性价值策略的方法。简而言之，量化价值算法寻求购买便宜的高质量价值股。每一种策略通常持有约40种动量股和40种价值股，这样，投资者获得了80种股票的多元化高信念组合。为了扩大投资规模、增强多元性，也可以将这一方法扩展至国际市场，但为了保持分析的简单和契合实际，我们暂不做这一方面的讨论。

为了评估量化价值和动量综合投资组合的表现，我们研究了美国的中大盘股，并将重点放在了多头投资组合上。这些投资组合按季度进行再平衡且以等权重法构建（这里我们没有如第八章那样运用市值加权法）。我们考察了1974年1月1日至2014年12月31日的组合收益，这也是量化动量和量化价值算法数据均可获得的时间段。综合投资组合的权重在每年的1月1日进行再平衡，并且对价值股和动量股进行平均分派（更精明的投资者可能会调整权重）。所有的收益都减去了2%的年度总费用，这是对管理费、佣金以及依策略进行再平衡的市场影响成本的粗略估计。[②]

综合投资组合的结果如表9.1所示。

---

① 卫斯理·R. 格雷和托比亚斯·E. 卡莱尔：《量化价值投资：人工智能算法驱动的理性投资》，约翰威利出版公司（新泽西州霍博肯）2012年出版。

② 这里我们将总费用由第八章的1.80%提高到了2.00%，这是因为，运行等权重的投资组合以及每年再平衡量化动量和量化价值投资组合的交易成本比较高。

表9.1 量化价值和量化动量相结合

	综合投资组合（净值）	量化动量股（净值）	量化价值股（净值）	标普500
CAGR	18.10%	17.38%	16.98%	11.16%
标准差	21.38%	25.59%	18.58%	15.45%
下行偏差	14.96%	18.09%	12.71%	11.05%
夏普比率	0.66	0.57	0.68	0.45
索提诺比率（MAR= 5%）	0.94	0.80	0.98	0.62
最大回撤率	−60.16%	−67.72%	−51.91%	−50.21%
最差月收益	−26.56%	−30.33%	−25.62%	−21.58%
最佳月收益	28.69%	34.67%	25.36%	16.81%
盈利月占比	61.18%	61.79%	62.60%	61.59%

综合投资组合的收益要高于单独的价值组合和动量组合。调整风险后，综合投资组合实质上等同于量化价值组合。然而，概括性的统计数据并不能反映出该策略的生命力。我们将生命力定义为投资者坚持一种投资组合而不“放弃”的程度。为评估综合投资策略的生命力，我们分析了其相对于消极的标普500总回报指数的五年滚动CAGR。从这一分析中我们可以看出，持有价值股和动量股的综合投资组合能使单独持有价值股组合或单独持有动量股组合的表现不佳频率降至最低。

图9.1显示的是，价值和动量的综合投资最大限度地减少了5年相对表现不佳时期的长度和深度。例如，在20世纪90年代后期的互联网泡沫时期，量化价值股曾长期深陷相对表现惨淡的窘境。金融危机后，量化动量也曾经历了一段表现极为糟糕的时期。需要说明的是，单独量化动

量股的CAGR在五年滚动期内比基准差15%（发生于2013年6月，也就是2008—2009年的金融危机爆发后的5年）。想象一下，此时，你和客户之间会有怎样的对话?

然而，通过将两种策略结合（以图9.1中的黑色实线表示），投资者能够将表现不佳的长度和深度降至普通投资者更容易接受的水平。我们还可以通过直方图进行分析。图9.2显示的是纯动量策略和综合策略的5年期相对CAGR直方图。运用纯粹的动量策略时，5年期收益率低于大盘指数的概率相对较高，然而，综合投资组合大大降低了长期表现惨淡的概率。

对于长期投资者来说，以高信念的价值和动量综合投资组合取代消极的股票投资组合似乎是一种合理的方法，它能够产生高于被动指数的期望收益。我们向读者提出一个容易记住的经验法则：

买入便宜股，买入强势股，并长期持有。

关于投资组合构建的一个重要提示

以积极的价值加动量策略取得成功的道路显然是惊心动魄的，这主要是因为糟糕的长期相对表现阻碍了大规模资金池对机会的利用。鉴于这一事实，我们必须强调，上面列出的期望收益与高信念价值和动量投资组合有关，因为这些高信念的投资组合推动了相对表现风险。不遭受极端的相对表现之苦，就得不到超高的期望收益。所谓的“聪明贝塔”（smart beta）基金，即持有偏向于价值股或动量股的大规模多元化投资组合，在扣除费用后，不可能获得承诺的超高表现。这些基金充其量是积极管理型指数投资（closet indexing）基金，无法提供高出预期成本的主

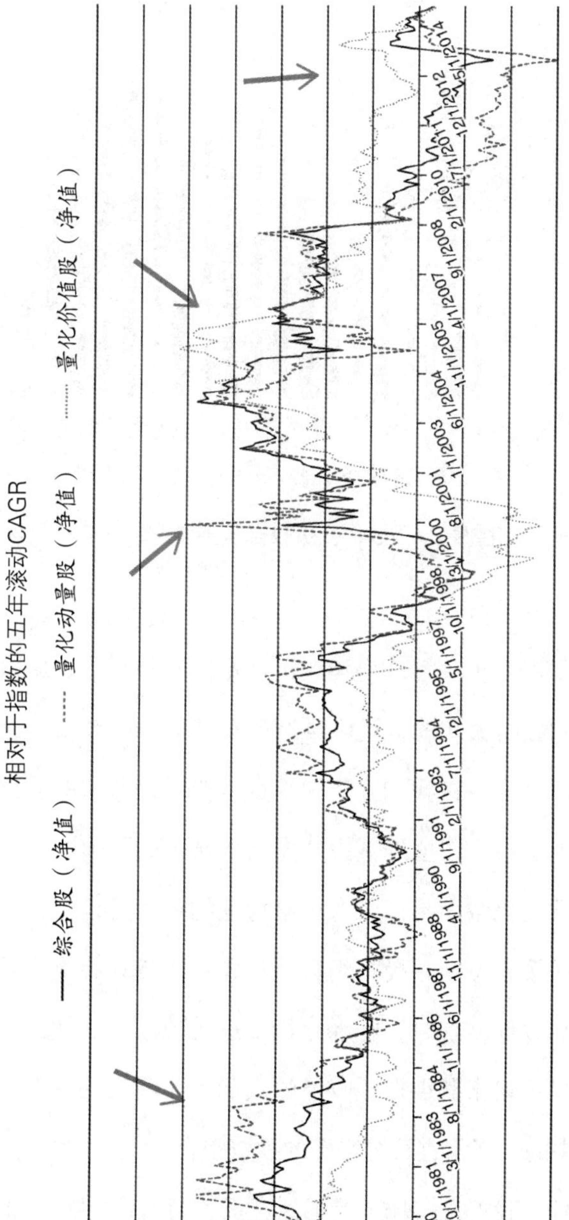
相对于指数的五年滚动CAGR
— 综合股（净值）
---- 量化动量股（净值）
······ 量化价值股（净值）
35.00%
30.00%
25.00%
20.00%
15.00%
10.00%
5.00%
0.00%
-5.00%
-10.00%
-15.00%
12/1/1978
5/1/1980
10/1/1981
3/1/1983
8/1/1984
1/1/1986
6/1/1987
11/1/1988
4/1/1990
9/1/1991
2/1/1993
7/1/1994
12/1/1995
5/1/1997
10/1/1998
3/1/2000
8/1/2001
1/1/2003
6/1/2004
11/1/2005
4/1/2007
9/1/2008
2/1/2010
7/1/2011
12/1/2012
5/1/2014

图9.1 五年滚动收益差

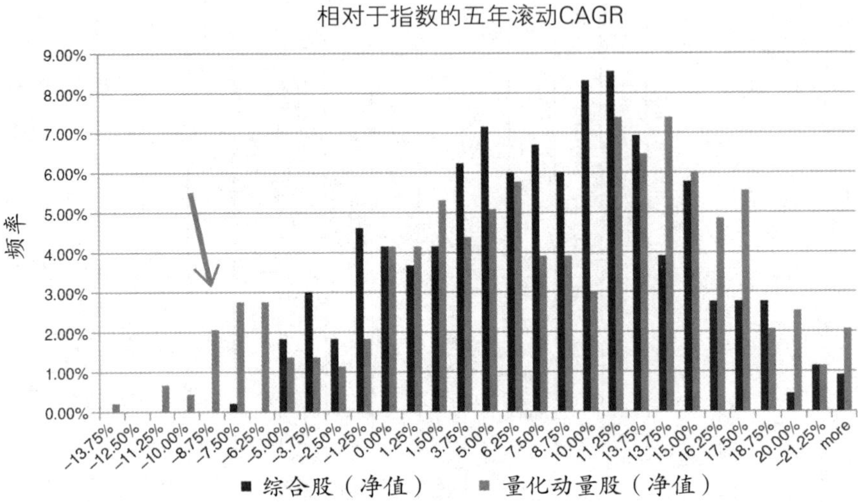

图9.2 五年滚动收益差直方图

动风险收益。

但为什么要避免主动管理型指数投资呢？回想一下，学术研究和我们贯穿于本书的分析聚焦的都是以具有理想特征（例如高动量）的少数股票形成的投资组合。在我们分析的投资组合中，包含的股票数一般少于50只，这是为了最大限度地减少“多元恶化”的风险。当一个投资组合构建得更像被动指数而不像具有集中特征的组合时，就会产生多元恶化情形。我们在第五章探讨投资组合的构建参数（如持有股数和再平衡频率）如何影响预期表现时，已经分析了这种现象的负效应。对那些想运用主动的动量策略来获得期望收益的人而言，我们的分析结论是明确的：要购买集中的、经常进行再平衡的投资组合。

那么，为什么我们在市场上看不到真正主动的基金呢？因为很不幸，基金发起人的利益与基金投资者的利益不一致。超过一定的基金规模后，额外的基金资产就会侵蚀表现，因为投资组合向主动管理型指数投资倾斜，但管理费用也随之增加，这就会造成投资者和管理者之间的利益冲突，前者想最大化表现，而后者想要更多的资产（即使这会降低他们的表现）。我们很容易识别积极管理型指数投资，它们的投资组合中含有的股票数量往往超过100只，以市值加权法构建，而且再平衡频率比较低。这些投资组合的构建与基金规模相适应，且有利于基金发起人募集更多的资金。这对积极的投资者的启示是明确的：如果一个人要偏离被动指数并支付额外的管理费用，就要拥抱积极风险并承担集中的代价，而不是转向积极管理型指数投资。

▪ 三条腿的凳子：综合投资组合+趋势分析

但要注意，两条腿的凳子也不是百分百稳当的。量化价值和动量综合投资组合与购买并持有股票投资一样，仍然会经历大幅的回撤。对许多目光长远、偏好简单的投资者而言，持有综合的价值和动量投资组合是卓越的股票投资方案。但对于那些担心大幅下跌的投资者而言，购买并持有价值和动量股的方法可能并不合适。需要明确的是，上面列出的价值和动量综合股的大幅回撤并不是该组合所特有的，所有长期的股票投资组合都存在这个问题。

为了解决回撤问题，我们讨论一种基本的方法。运用这一方法，投资者能够通过第三条腿，即趋势跟踪，形成更加平稳的凳子。最简单的趋势跟踪规则是长期简单移动平均规则。为了使读者了解其原理，请考虑如下规则：

- 移动平均数（12）= 12个月的移动平均价格。
- 如果［标普500总回报指数—12个月的移动平均价格（标普500总回报指数）］> 0，则买综合投资组合；否则，买安全的国库券。

表9.2列出了将简单的趋势跟踪风险管理方法应用于量化价值和动量综合投资组合的结果。

趋势跟踪方法并未提高综合投资组合的风险调整后指标，但这一分析中漏掉了综合系统尾部风险特征的巨大变化。趋势叠加阻碍了股票投资组合的大幅回撤，最大回撤率从60.16%降至了26.18%。当然，天下没有免费的午餐，趋势跟踪投资者放弃了1.5%的复合年化收益，并且随着趋势跟踪方法的应用，相对表现较差的概率也会增加。图9.3显示了有趋势跟踪的综合投资组合和购买并持有的综合投资组合的5年价差直方图。

表9.2　综合的量化价值和量化动量投资

	有趋势跟踪的综合投资（净值）	综合投资（净值）	标普500
CAGR	16.57%	18.10%	11.16%
标准差	17.97%	21.38%	15.45%
下行偏差	13.31%	14.96%	11.05%
夏普比率	0.67	0.66	0.45
索提诺比率（MAR= 5%）	0.90	0.94	0.62
最大回撤率	−26.18%	−60.16%	−50.21%
最差月收益	−25.45%	−26.56%	−21.58%
最佳月收益	28.69%	28.69%	16.81%
盈利月占比	70.93%	61.18%	61.59%

图9.3凸显了趋势跟踪的“相对表现风险”。趋势跟踪防范了较大的尾部风险事件，但它也增加了相对于指数的跟踪误差，这提高了投资者不能长期坚持投资计划的概率。

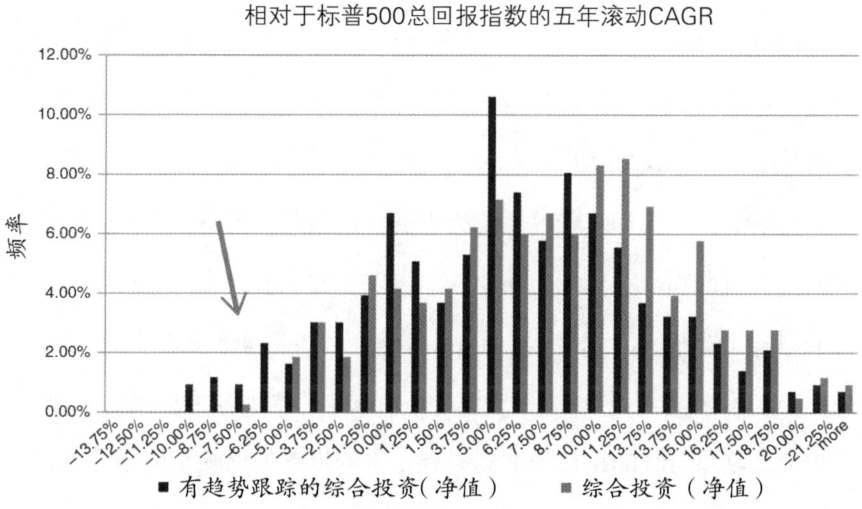

图9.3 五年价差的直方图

尽管这不是本书关注的内容，但我们仍然建议投资者留意股票的回撤幅度，这样才能了解有关趋势跟踪的更多信息。我们也可以在之前提到的经验法则中加入趋势跟踪：

> 买入便宜股，买入强势股，并长期持有……但前提是趋势对你有利。

■ 职业风险考虑

趋势跟踪能最大限度地减少大幅回撤的预期影响，却使投资者遭受相对痛苦的可能性增大。与买入并持有法相比，针对回撤的保护策略可能会使再平衡频率较高的综合投资的复合收益也在超过5年的时间里处于较低的水平，因此，尽管趋势跟踪有巨大的潜在好处，它还是会带来职业风险。最终，投资者会在多大程度上致力于更积极的策略，要看投资者愿意承受阶段性相对表现不佳的程度。对某些人来说，相对表现无关紧要，而对面临职业风险的其他人而言，相对表现决定着一切。这一讨论的讽刺之处在于，有效市场假说（即天下没有免费的午餐）是正确的，但对它的解释却是错误的（即股价总是反映了基本面）。我们已经强调过，像价值和动量这样的策略是对有错误定价的世界的反映，但是，这样的世界里仍然没有免费的午餐。市场竞争异常激烈，许多投资风险（包括“相对表现风险”）都是现实世界中有明码标价的风险。金融经济学模型可能会考虑相对风险溢价α，但对许多市场参与者而言，相对表现风险是边际价格制定者为了让一些人抛售股票而承担的真正可量化的风险。

旁观者清。

■ 无法处理相对表现不佳的问题时该怎么办

图9.1强调的是，即使是集中的价值和动量组合也可能在5年内表现不佳（如互联网泡沫时期和2008年金融危机后的时期）。对于许多投资者而言，这种痛苦是无法忍受的，任何与承受这种“相对痛苦”的意愿相

关的额外期望收益都被那些有能力的人得到了。而趋势跟踪只会让承受长期相对痛苦的概率提高！最终的解决方案是排除障碍并承受相对表现不佳带来的痛苦，但正如我们在本书中讨论过的，职业风险担忧和心理问题阻碍了许多投资者对可持续的主动投资策略的运用。毕竟，某些主动投资策略起作用的首要原因是，人们难以在长期实施它们。

我们认识到，高信念的解决方案永远不会被投资大众所运用。尽管如此，并非所有人都弃用它们，因为投资者有不同的相对表现痛苦承受能力。大多数投资者不能坚持高信念价值和动量策略，但一些投资者能够增加一小部分高信念价值和动量股，与被动投资策略搭配运用。例如，一位财务顾问的客户群比较复杂，但这些客户的视野有限，他们评价表现时会紧盯着基准。当收益大幅偏离基准时，再明智的客户也会勃然大怒，他们会质问："嗨，顾问先生，为什么我们这个季度的收益率比标普500指数低了10%？你被解雇了。"但小幅的偏离（例如比标普500指数低2%）就不是问题了吗？也许这位顾问能在客户表现大会上逃过一劫，并向客户解释清楚，承受表现不佳的风险是获得长期预期高收益的代价。这种情况下的投资者可能需要运用核心—卫星资产配置法（a core-satellite approach）。

核心—卫星资产配置法的操作是这样的：将大量资金投入到被动基准组合（"核心"）中，在边缘（"卫星"）增加小部分的积极组合。通过这样的构建法，核心—卫星资产配置法产生的收益永远不会偏离基准太远。例如，图9.4中，我们创建了一个80%的资金配置于标普500、将20%的资金配置于前一节所述的量化价值股和动量股的投资组合。

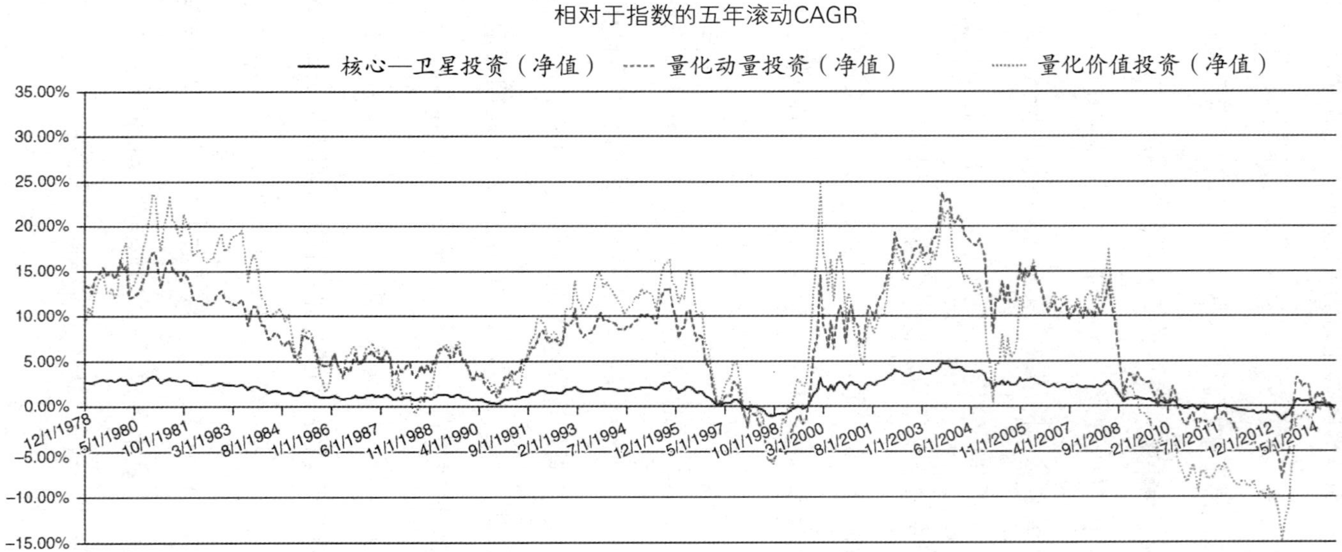
相对于指数的五年滚动CAGR
核心—卫星投资（净值）
量化动量投资（净值）
量化价值投资（净值）
35.00%
30.00%
25.00%
20.00%
15.00%
10.00%
5.00%
0.00%
-5.00%
-10.00%
-15.00%
12/1/1978
5/1/1980
10/1/1981
3/1/1983
8/1/1984
1/1/1986
6/1/1987
11/1/1988
4/1/1990
9/1/1991
2/1/1993
7/1/1994
12/1/1995
5/1/1997
10/1/1998
3/1/2000
8/1/2001
1/1/2003
6/1/2004
11/1/2005
4/1/2007
9/1/2008
2/1/2010
7/1/2011
12/1/2012
5/1/2014

图9.4 五年化收益差

该图显示，核心—卫星资产配置法无法消除相对表现不佳带来的痛苦。在互联网泡沫时期和2008年后的金融危机期间，投资者仍然需要忍受痛苦，但这种痛苦是更容易承受的。当然，与之前的综合方法相比，核心—卫星法的最大回撤率更小了[表9.3列出了1972年至2014年的概括性统计数据，见其中综合投资（净值）一栏和核心—卫星投资（净值）一栏]。

表9.3 核心—卫星投资收益

	核心—卫星投资（净值）	综合投资（净值）	量化动量投资（净值）	标普500
CAGR	12.66%	18.10%	17.38%	11.16%
标准差	16.04%	21.38%	25.59%	15.45%
下行偏差	11.48%	14.96%	18.09%	11.05%
夏普比率	0.52	0.66	0.57	0.45
索提诺比率（MAR= 5%）	0.72	0.94	0.80	0.62
最大回撤率	−51.86%	−60.16%	−67.72%	−50.21%
最差月收益	−22.35%	−26.56%	−30.33%	−21.58%
最佳月收益	16.52%	28.69%	34.67%	16.81%
盈利月占比	61.79%	61.18%	61.79%	61.59%

QUANTITATIVE MOMENTUM

附录A：其他动量概念

我们花了多年的时间来研究如何获得长期动量溢价。虽然本书总结了我们多年来的努力，但它并不是有关动量研究的文献综述。如果要全面地回顾相关的文献，那么这本书的篇幅恐怕会长达千页，而且，即使如此，读者也仍可能对我们试图在本书中回答的问题（即什么是"最佳的"动量策略）不知所以。花时间回顾有关动量的所有文献的人可能会得出与我们完全不同的结论。尽管如此，由于我们阅读了力所能及查阅到的有关动量的研究文献，我们认为我们应当向读者分享最有趣的想法，并解释我们没有将它们纳入我们的量化动量程序中的原因。我们希望这样做能帮助读者们更好地理解我们提出的方法比下面讨论的其他方法更合理的原因。下面所有分析中考察的股票领域与本书的其他地方相同，而且我们将重点放在了多头策略上。

以下探讨的内容包括：

- 动量与基本面有何关系？
- 52周最高价是表现更出色的信号吗？
- 绝对动量能否促进相对动量？

- 动量的波动性能够被抑制吗？
- 我们需要选股动量吗？

虽然还有许多与动量有关的有趣的、前景看好的理念，但我们认为，上述几个方面是最合理、最引人注目的核心领域。我们也希望能借此解释清楚我们提出的方法优于这些替代方案的原因。

■ 动量与基本面有何关系

1998年，尼古拉斯·巴伯瑞斯、安德鲁·施莱弗和罗伯特·维什尼[①]构建了一个关于投资者情绪的理论模型，该模型描述了反应不足和反应过度驱动行为偏差的可能性，而行为偏差会导致价值效应和动量效应。价值效应本质上是对好消息的反应过度导致的，而动量效应是对好消息的反应不足导致的。在1996年的一篇实证研究论文中，路易斯·陈（Louis Chan），纳利森·詹加迪什（Narisimhan Jegadeesh）和约瑟夫·拉克尼肖科（Josef Lakonishok）[②]发现，部分动量异象是因对以往消息的反应迟缓导致的。用他们的话说就是，“安全分析师的盈余预测……对过去的信息反应迟钝，特别是过去表现最糟糕的股票。这样的结果表明，市场只是对新信息逐渐地产生反应的。”有时候，这样的新信息会被反映在基本面上。

罗伯特·诺维—马科斯（Robert Novy-Marx）更深入地研究了基本面

---

① 尼古拉斯·巴伯瑞斯、安德鲁·施莱弗和罗伯特·维什尼：《一个投资者情绪模型》，《金融经济学期刊》1998年第49卷，第307—343页。

② 路易斯·陈、纳利森·詹加迪什和约瑟夫·拉克尼肖科：《动量策略》（*Momentum Strategies*），《金融学期刊》1996年第51卷，第1681—1713页。

和动量之间的关系。在题为《动量本质上是基本面的动量》(*Fundamentally, Momentum Is Fundamental Momentum*)的工作论文中,[①]他试图弄清动量策略的历史表现优于大盘的原因。他发现，价格动量是盈余动量异象的一种表现，换句话说，动量异象有效是因为，投资者系统性地对超预期的盈余反应不足。诺维—马科斯随后表明，控制盈余动量后，价格动量就不再“反常”了。

我们研究了诺维—马科斯的结果，并做出如下讨论。我们首先回顾价格和盈余动量的概念，并介绍如何根据这两种策略形成投资组合：

- 价格动量：过去价格表现强势的股票往往比过去价格表现弱势的股票表现更好。投资组合根据过去12个月的表现形成，为了避免短期反转效应，忽略最后一个月的表现。这是本书中的基准“动量”的计算方法，也是学术研究人员描述动量的典型方式。

- 盈余动量：过去盈余强劲的股票的表现要优于过去盈余比较弱的股票。盈余动量组合根据过去的超预期盈余形成。在诺维—马科斯的论文中，通过两种方式衡量超预期盈余：

  1. 标准化未预期盈余（SUE）：每股收益最近的年同比变化率，根据最近8次公告中盈余变化的标准差进行调整。

  2. 三天的超额累积收益率(CAR3)：最近一次财报公布前一天、当天和后一天这三天内的超额累积收益率。

① 罗伯特·诺维—马科斯：《动量本质上是基本面的动量》，NBER工作论文，第20984号。

运用上述的投资组合构建方法，诺维—马科斯对公司过去表现和超预期盈余的回报进行了横截面（Fama-MacBeth）回归。结果表明，价格动量主要可通过盈余动量来解释。

接下来，诺维—马科斯研究了三个多头/空头因子投资组合：

- UMD = 多头高价动量股和空头低价动量股
- SUE = 多头高SUE股和空头低SUE股
- CAR3 = 多头高CAR3股和空头低CAR3股

为了比较各种策略的表现，我们运用中/大盘股票形成投资组合，且设定所有的多头/空头投资组合具有相同的波动性（为了与UMD相匹配）。从机制上讲，这意味着利用杠杆来增强自然杠杠率较低的策略（如SUE和CAR3）的波动性以匹配多头/空头投资组合的自然波动性①。图A1.1显示了这三种投资组合1975年1月1日至2014年12月31日期间的表现（所有投资组合均为多头/空头投资组合）。我们能够看出两种盈余动量策略的表现大大优于价格动量策略。

诺维—马科斯论文中的表2列出了时间序列回归结果：面板A显示，UMD在SUE和CAR3上的负荷很大。几个重要的发现是：控制盈余动量和各种风险因子（如市场风险、规模风险和价值风险）后，价格动量不再产生α。表2的面板B和C表明，与SUE和CAR3有关的α是高度显著的。诺维—马科斯得出的结论是，盈余动量“包括”了价格动量，因为它似

① 对于我们的中/大盘股而言，为了将基本面动量组合（SUE和CAR3）的波动性与价格动量（UMD）组合相匹配，基本面动量组合（SUE和CAR3）需要3倍的多头和3倍的空头。

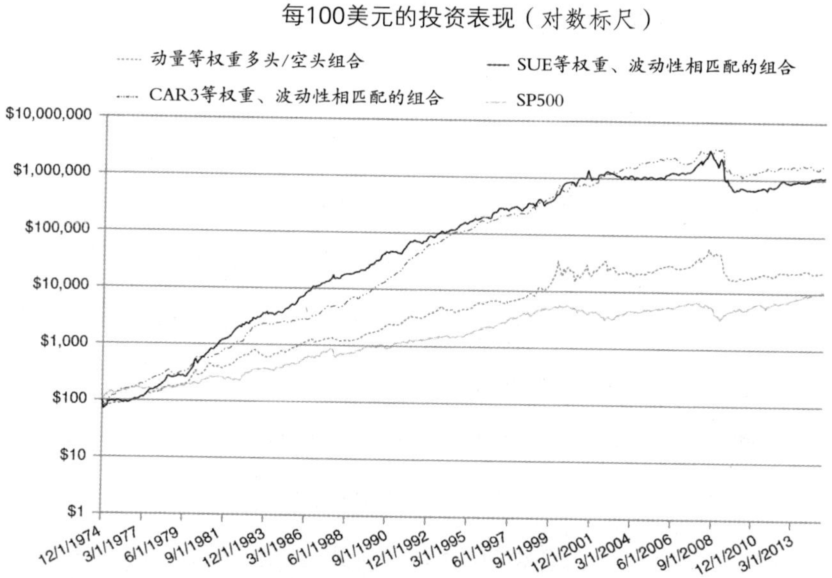

图A1.1 基本面动量收益

乎解释了整体效应。

但这篇论文对价格动量的攻击并没有就此止步，它还有另外两个发现：

1. 从盈余动量因子中剔除价格动量因子改善了盈余动量表现，但从价格动量中剔除盈余动量则恶化了价格动量表现。这一结果是在多头/空头策略以10%的波动率运行的情况下得出的。

2. 构建盈余动量策略时控制价格动量可以降低波动性并在很大程度上消除崩盘（价格动量策略以对市场周期[①]的敏感度而闻名，

① 塔伦·科迪亚（Tarun Chordia）和拉科什玛男·施瓦库玛（Lakshmanan Shivakumar）:《盈余和价格动量》（*Earnings and Price Momentum*），英国财务会计师公会2003年华盛顿特区会议。

在恶劣的市场环境中波动性更大[①])。

总之，诺维—马科斯的研究结果强调了学术研究中一段时间以来形成的常识，即与价格动量相关的超额收益似乎与对盈余信息的反应不足有关。然而，诺维—马科斯指出，价格动量并非捕捉这一反应不足效应的正确指标，他认为我们应当关注盈余动量指标以及对未预期超额盈余的反应不足。根据诺维—马科斯的分析，价格动量并不重要，重要的是盈余动量。然而，这一结论与陈、詹加迪什和拉克尼肖科的分析直接冲突，他们的分析表明，盈余动量和价格动量对确认超额收益都发挥了重要作用。

由于价格动量和盈余动量的结果不明确，我们在自己的条件下对这些问题进行了研究。我们的股票领域与本书其他部分一样，是在美国股市交易的中大盘普通股。我们按诺维—马科斯的方法构建了投资组合，并按价格动量、SUE和CAR3考察了排名在前10%和排名在最后10%的股票的表现。月度再平衡的投资组合根据公司1975年1月1日至2014年12月31日期间的收益，按等权重法构建形成。收益率中包含各种费用。

表A1.1显示了各个指标排名前10%的股票（多头投资组合）的表现，而表A1.2显示了排名在最后10%的股票（空头投资组合）的表现。

价格动量和SUE投资组合排名前10%的股票的表现（是多头/空头策略中的多头部分）最佳，而价格动量排名后10%的股票的表现（是多头/空头策略中的空头部分）最差。乍一看，有人可能会认为，最佳的多头/空头策略应当与价格动量策略相关，因为多头和空头投资组合的

① 肯特·丹尼尔和托比亚斯·莫斯科维奇：《动量崩盘》(*Momentum Crashes*)，哥伦比亚商学院研究论文，第14—36号。

表现差异是最大的。这样的看法是错误的。我们检验了每月进行再平衡的、排名前10%的多头投资组合和排名后10%的空头投资组合。结果如表A1.3所示。

表A1.3的结果显示，价格动量多头/空头（L/S）投资组合具有最高的复合年均增长率（CAGR），然而，这一策略的风险也最高。总体而言，风险调整后的表现相对较弱。相比之下，SUE和CAR3多头/空头投资组合的夏普比率和索提诺比率几乎是价格动量多头/空头投资组合的2倍。更糟糕的是，价格动量多头/空头投资组合的最大回撤率（71.36%）几乎是SUE（37.93%）和CAR3（29.26%）多头/空头投资组合的2倍。总而言之，多头/空头SUE和CAR3投资组合看起来比价格动量投资组合更出色，这也是诺维—马科斯所信赖的证明价格动量不如盈余动量且被包含于盈余动量的核心证据。

表A1.1　排名前10%的投资组合的概括性统计结果

	价格动量（L/S）	SUE（L/S）	CAR3（L/S）	标普500
CAGR	19.81%	19.64%	16.79%	12.31%
标准差	25.73%	18.85%	22.28%	15.10%
下行偏差	18.21%	14.28%	15.40%	10.95%
夏普比率	0.65	0.80	0.60	0.53
索提诺比率（MAR= 5%）	0.91	1.04	0.85	0.71
最大回撤率	−58.59%	−56.08%	−59.05%	−50.21%

表 A1.2 排名后10%的投资组合的概括性统计结果

	价格动量（L/S）	SUE（L/S）	CAR3（L/S）	标普500
CAGR	6.07%	11.31%	8.12%	12.31%
标准差	26.48%	19.39%	23.06%	15.10%
下行偏差	18.00%	13.85%	16.44%	10.95%
夏普比率	0.17	0.40	0.25	0.53
索提诺比率（MAR= 5%）	0.24	0.55	0.34	0.71
最大回撤率	−80.96%	−62.18%	−69.51%	−50.21%

表 A1.3 多头/空头（L/S）动量投资组合年化收益

	价格动量（L/S）	SUE（L/S）	CAR3（L/S）	标普500
CAGR	14.59%	12.38%	12.83%	12.31%
标准差	25.28%	8.30%	8.04%	15.10%
下行偏差	21.94%	6.29%	6.13%	10.95%
夏普比率	0.48	0.87	0.95	0.53
索提诺比率（MAR= 5%）	0.55	1.13	1.22	0.71
最大回撤率	−71.36%	−37.93%	−29.26%	−50.21%

到现在我们已经发现，多头价格动量策略的前景看好，但多头/空头SUE和CAR3是更好的多头/空头投资组合概念。然而，正如我们在第四章了解到的，一种策略的表现尽管很重要，却不一定能说明一切。例如，在第四章中，我们考察了多头/空头价格动量组合在日本股市的表现。独

立地看，日本股市是动量表现较差的市场，但是，只关注动量会忽视这一事实：将多头/空头动量与多头/空头价值方法相结合能使投资者构建出最可靠的市场中性投资组合。为什么呢？因为多头/空头价值和多头/空头动量组合共有一个令人难以置信的属性：它们具有强大的负相关关系。这意味着两种策略往往在不同的时段运行良好。夏普比率无法反映与动量相关的多元化收益。这听起来很不错，但我们如何量化这种好处呢？我们运用简单的因子分析方法来确定三种不同的多头/空头动量策略在市场风险、规模风险和价值风险这些常见的风险因子上的负荷情况。[①] 结果如表A1.4所示。

因子分析显示，三种策略都有α，这一结果已被以前的研究所证实。然而，我们关注的是价值因子（HML），它反映了既定策略和一般的多头/空头价值投资组合之间的统计关系。价格动量策略具有高度显著的载荷系数（−0.67），这使得它成为与价值策略配合运用的主要候选策略。然而，盈余动量策略、SUE和CAR3的载荷系数均接近于零，这些数据表明，从投资组合的角度来看，这些策略可能无法与以价值为中心的投资组合相结合。

为了更好地感受上述分析的实际意义，我们进行了实证经验。在1975年1月1日至2014年12月31日的抽样期间，我们形成了四个投资组合，每个组合每月配置50%的价值股和50%的动量股。价值投资组合由按息税前利润/总企业价值（EBIT/TEV）计算出的排名前10%的企业股票组成且每年进行再平衡。价值投资组合与价格动量策略、SUE策略、CAR3策

① 尤金·法玛和肯尼斯·弗伦奇：《股票和债券回报中的常见风险因子》，《金融经济学期刊》1993年第33卷，第3—56页。

表 A1.4 多头/空头动量投资组合的因子载荷

	价格动量（L/S）	SUE（L/S）	CAR3（L/S）
α（年）	0.16	0.08	0.09
p值	0.0001	0.0000	0.0000
RM−RF	−0.28	−0.03	−0.10
p值	0.0128	0.4421	0.0024
SMB	0.45	−0.06	0.08
p值	0.0377	0.2141	0.1644
HML	−0.67	−0.10	−0.13
p值	0.0013	0.1195	0.0160

略和温水煮青蛙动量策略相结合（四种与动量有关的策略都是月度再平衡策略）。在第五章至第八章中，我们推荐了季度再平衡的投资组合，但为了使比较更加公平，我们这里使用的是月度再平衡投资组合。第五章至第八章也列明了1974年至2014年间的收益率，由于SUE投资组合的数据限制，我们这里显示的是1975年至2014年间的收益率。所有收益都包含各种费用或交易成本。结果如表A1.5所示。

温水煮青蛙动量投资组合和价值投资组合相结合产生了最高的复合年均增长率和索提诺比率。SUE组合的结果略微弱一些，但表现也很抢眼。总之，尽管诺维—马科斯有关SUE的结果很吸引人且值得斟酌考虑，但从实践者的角度来看，它意义不大，并不足以表明“价格动量已死”。[①]

① 对更复杂的多头/空头投资组合感兴趣的读者可以进一步探索收益盈余动量策略的细节。

表 A1.5 价值和动量投资组合年化收益率

	50%温水煮青蛙动量/50%价值	50%价格动量/50%价值	50%SUE/50%价值	50%CAR3/50%价值
CAGR	20.54%	19.72%	19.25%	17.92%
标准差	19.55%	19.84%	17.62%	19.05%
下行偏差	14.36%	14.50%	13.48%	13.64%
夏普比率	0.81	0.77	0.82	0.71
索提诺比率（MAR= 5%）	1.10	1.04	1.06	0.98
最大回撤率	−52.55%	−50.29%	−50.06%	−49.11%

■ 52周最高价是表现更出色的信号吗

52周最高价指标被广泛报道，而且可随时供投资者查阅。但投资者能够对这一信息做出理性的反应吗？由于锚定和框定偏差，投资者可能对52周最高价信息做出非理性的反应。例如，非理性投资者可能会将52周最高价指标视为卖空的信号，而不考虑目前的价格可能低估了基本面的安全性。

马尔科姆·贝克尔（Malcom Baker）、潘鑫（Xin Pan）和杰弗里·瓦格勒（Jeffrey Wurgler）[①] 在2012年发表的一篇论文中考察了并购中的参

① 马尔科姆·贝克尔、潘鑫和杰弗里·瓦格勒：《并购的参照点价格效应》（*The Effect of Reference Point Prices on Mergers and Acquisitions*），《金融经济学期刊》2012年第106卷，第49—71页。

照点效应（effect of reference points），他们的研究结果非常令人惊讶，下面的结论来自他们的摘要：

> 标的公司前期的股价高点影响了并购活动的几个方面。主并方的报价往往接近于标的公司最近的峰值价，当主并方的报价超过标的公司前期的最高价格时，标的公司接受报价的概率会大幅跃升。

因此，最高价格（52周最高价）实际上影响了合并完成的无条件可能性，这当然不是我们在研究生院读到的有效市场假说教科书的内容。显然，52周最高价影响了并购活动，但如何使用这一指标选股呢？凭直觉来看，52周最高价与我们在本书中讨论的相对动量指标相关。但它是否比传统的动量指标更好呢？2004年，托马斯·J. 乔治（Thomas J. George）和黄传阳（Chuan-Yang Hwang）撰写了一篇论文①来探讨这个问题。

乔治和黄在题为《52周最高价和动量投资》（*The 52 Week High and Momentum Investing*）的论文中发现，52周最高价策略优于传统的动量策略。这篇论文得出的结论很大胆："运用52周最高价确认赢家和输家的回报是利用其他（动量）方法确认赢家和输家的回报的两倍。"

两位作者在解释他们的研究结论时指出，当好消息推动股价接近过去52周的高点时，即使信息是有保证的，投资者也不愿意再提高股价了。基本上，当股价处于峰值时，购买股票的这种奇怪的感觉会阻止股票达

① 托马斯·J. 乔治和黄传阳：《52周最高价和动量投资》，《金融学期刊》2004年第59卷，第1957—2444页。

到其基本价值。然而，基本信息最终会反映到股价中，股价随之上涨，“动量式”效应显现。同样，当坏消息推动一只股票的价格远离其52周最高价时，交易商最初不愿意以“太低”的价格抛售股票，然而，基本信息最终会反映在股价中，股价随之下降，交易商通过在过去52周低价附近卖空股票而获得超额收益。

我们对这些结果有什么看法呢？我们在本书中用了大量篇幅解释说，动量策略应该只根据过去的收益来构建，而这篇论文却声称，运用52周最高价指标可能使利润翻倍。为了更好地理解这一策略，我们首先介绍了这篇论文的结果并对其进行了实验性测试。我们首先检验了原始论文的结果。这篇论文运用1963年至2001年间美国交易股票的样本比较了三种动量策略：

1. 价格动量：多头（空头）股为过去6个月收益排名前（后）30%的股票形成的价格动量投资组合，且每6个月进行再平衡。[①]

2. 行业动量：1999年，托比亚斯·莫斯科维奇和马克·格林布莱特（Mark Grinblatt）[②]提出了行业动量筛选方法。将股票领域划分为20个行业，计算出每一个行业的市值加权收益。行业动量投资组合中，多头（空头）股为表现排名前（后）30%的行业。

3. 52周最高价动量：52周最高价动量投资组合中，多头（空头）股为当前价格接近（远离）52周最高价的股票。离52周最高价的距

① 纳拉西曼·杰加德什和施瑞丹·泰特曼：《追涨杀跌的回报：对股市效率的启示》，《金融学期刊》1993年第48卷，第65—91页。

② 托比亚斯·莫斯科维奇和马克·格林布莱特：《行业能解释动量吗？》（*Do Industries Explain Momentum?*），《金融学期刊》1999年第54卷，第1249—1290页。

离以一个月前的股票价格除以过去52周最高价来衡量。因此，如果此时是2015年12月31日，那么，我们以2015年11月30日的股价除以2014年11月30日至2015年11月30日间的最高价即可得到距离值。

对于上面列出的3种策略，多头和空头组合中的股票都是等权重的，持有期为6个月，并且每个月进行再平衡（以产生重叠的投资组合）。在原始论文的表2中，作者们发现，运用52周最高价筛选法，上述3种多头/空头动量策略的利润最高（1月份除外）。该论文还探讨了控制各种因素和市场微观结构因素后，哪种策略最有效。原始论文表5中的回归结果表明，52周最高价赢家/输家虚拟变量是预测未来收益的好指标，其预测效果优于过去的股票收益或行业因素。

总体结果表明，52周最高价指标是比价格动量更优秀的交易信号。但是，如果运用我们的股票样本对其进行检验，结果会如何呢？应该指出的是，乔治和黄考察的是所有股票，包括小盘股，这可能会大大扭曲结果。相比之下，我们坚持研究中大盘股，因为它们的流动性相对较高，且数据也更加可靠。我们运用52周最高价筛选法形成了投资组合，并根据排名将所有股票分成十等份（十分位）。投资组合每月进行再平衡，持有期为1个月、3个月或6个月。其中持有期为3个月和6个月的投资组合为重叠投资组合。投资组合按等权重法构建，考察的收益期间为1974年1月1日至2014年12月31日。收益中包含各项费用。我们在图A1.2中显示了各个十分位投资组合的复合年均增长率。

图A1.2记录了一些重要的发现。我们注意到，对于持有期为3个月和6个月的投资组合，随着投资组合的十分位数从1（离52周最高价最远）提高到10（最接近52周最高价），投资组合的复合年均增长率几乎是单调增加的。这是可预料的结果，因为在该论文中，形成52周最高价多头/空头投资组合时，是以排名前30%的股票为多头股票、以排名后30%的股票为空头股票的。该论文也考察了持有期为6个月的投资组合，毫无疑问，这类投资组合的表现是最佳的。然而，运用52周最高价策略时，月度再平衡组合却败下阵来了，换句话说，它们没有通过简单的稳健性测试。当结果对投资组合构建的合理变化不稳健时，研究结果可能是数据挖掘导致的，这种可能性令我们深感不安。

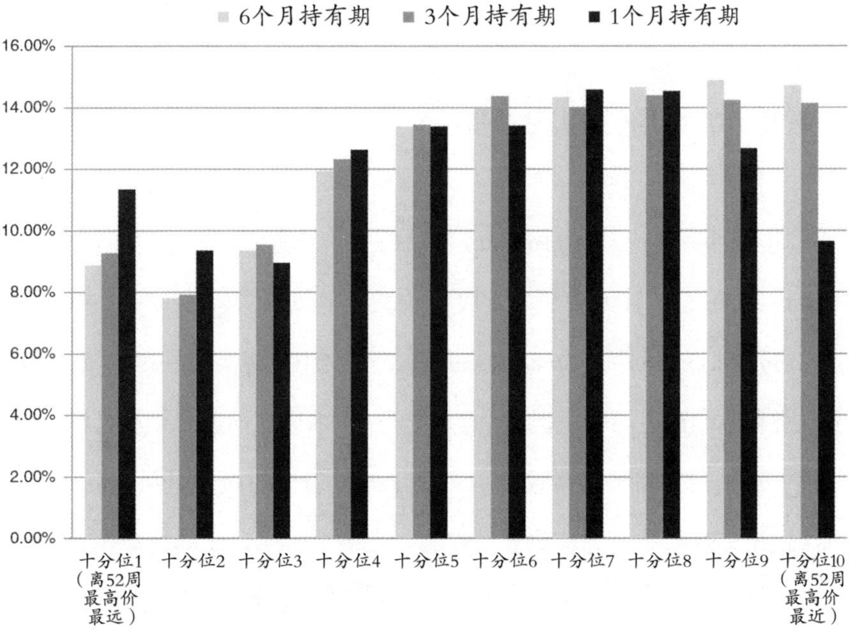

图A1.2 过去52周最高价策略的十分位收益率

更糟糕的是，买入现价接近52周最高价的股票的基本策略并不那么具有吸引力。例如，持有期为3个月的最高十分位52周最高价投资组合的CAGR值为14.5%。相对于扣除交易成本之前的大盘表现，这个值还不错，但与持有期为3个月的价格动量最高十分位投资组合（第五章有讨论）相比，这个值就低多了，后者同期的CAGR值为17.10%。

总的来说，52周最高价概念给我们留下了深刻的印象，但我们认为，没有确凿的证据证明它比相对价格动量策略更有效。尽管如此，52周最高价确实指出了价格动量异象的大方向，并可作为另一个数据点发挥作用，这表明，动量策略有可能利用由市场对信息的反应不足导致的错误定价机会。

■ 绝对动量能否促进相对动量

胡赛因·格伦和（Huseyin Gulen）和瑞丽萨·珮科娃（Relitsa Petkova）在《绝对优势：探索股票收益中的动量》（*Absolute Strength: Exploring Momentum in Stock Returns*）[①]一文中对标准的相对动量策略做了一番有趣的论述。正如我们之前介绍的，学术界在描述一般动量策略时，会根据过去12个月（忽略最后一个月）的动量值对企业进行排名，投资组合也是在这些排名的基础上形成的。大多数研究论文都是做多赢家股、做空输家股。然而，“赢家”股和“输家”股的分类会随着时间的推移发生改变。在互联网泡沫时期，要想被划归为“赢家”股，其过去的动

① 胡赛因·格伦和瑞丽萨·珮科娃：《绝对优势：探索股票收益中的动量》，工作论文，获取时间为2016年1月31日。

量值要达到250%（接近峰值）左右，但在2008年金融危机期间，收益高于−5%的股票就称得上“赢家”股了。显然，相对赢家股的收益率范围是很广的（相对输家股的也是如此）。

两位作者探讨的思想是，关注“绝对”动量值可能改进动量策略。其做法是，回顾每个月输家和赢家的临界值，同时运用可获得的收益数据确定临界值。我们用一个例子来解释这种做法。假设现在是1965年1月31日，我们运用1965年之前各年的可获得数据，计算出所有股票在1月份的动量值（过去12个月的动量，忽略最后一个月的），包括1921年1月31日的动量值、1928年1月31日的动量值……1965年1月31日的动量值。从这一样本中，找出位于第10个和第90个百分位数的动量值，以它们作为“绝对”动量的临界值。每个月进行临界值分析，这样百分位数值也随时间而变化。

绝对动量临界值能确保赢家股和输家股的定义在不同的时间里更具一致性。运用上述文献的结果，“赢家”股的临界值约为60%，而“输家”股的临界值约为−35%，以符合临界点的股票形成投资组合。尽管这种方法很直观，但产生的投资组合会含有不同数量的股票。一些情况下，股票持有数可能很极端。例如，原始文献中的数据显示，在2008年金融危机期间，赢家股的数量几乎为零，而输家股数量升至了1500。另外，根据相对动量规则，交易者总是买入排名前10%的股票，卖出排名后10%的股票，这样，如果总共有5000只企业股的话，投资者会买入500只股票并卖出500只股票，这样投资组合的规模一直保持平衡。

抛开构建问题，绝对动量投资组合的表现如何呢？在上述文献中，买入绝对赢家股和卖出绝对输家股的策略产生的风险调整后月均收益为：

1965年至2014年间为2.42%，2000年至2014年间为1.55%。多头/空头投资组合的这一基准结果令人印象深刻，但我们对此持怀疑态度，因为该文献中的股票范围包括了微型股，从数量来看，这类股票占到了CRSP市场的60%左右，但根据法玛和弗伦奇2008年的研究①，这类股票的市值仅占3%。想象一下，试图买空或卖空数百只微型股票会是什么情形？

为了评估绝对动量结果的可靠性，我们决定对美国的中大盘股进行相同的研究。我们根据上述论文中介绍的方法重建了每月的绝对动量信号。图A1.3描绘出了不同时间的分界点。收益分界点与前述论文中的类似：“赢家”股的临界值约为60%，“输家”股的临界值约为-35%。我们的赢家组合中只包含高于赢家股临界值的股票，在输家组合中只包括低于输家股临界值的股票。如前所述，这种方法引入了一种奇特的投资组合构建元素。图A1.4显示了不同时期绝对动量高的投资组合和绝对动量低的投资组合中的企业数量，也对比了这些投资组合的规模与买入前10%的相对动量股和卖出后10%的相对动量股的标准价格动量组合的规模。

与前述的原始论文的结果类似，投资组合规模间存在极大的差异。在金融危机期间，即2009年1月，多头绝对动量投资组合中仅含一家公司的股票，而空头绝对动量投资组合的股票数量超过了800。

接下来我们评估绝对动量多头/空头策略的表现。我们考察了1965年1月至2014年12月间月度再平衡、以等权重法构建的多头/空头投资组合收益。所有的收益均为总回报，包含了所有的费用和交易成本。结果如表A1.6所示。

① 尤金·法玛和肯尼斯·弗伦奇：《解析异象》，《金融经济学期刊》2008年第63卷，第1653—1678页。

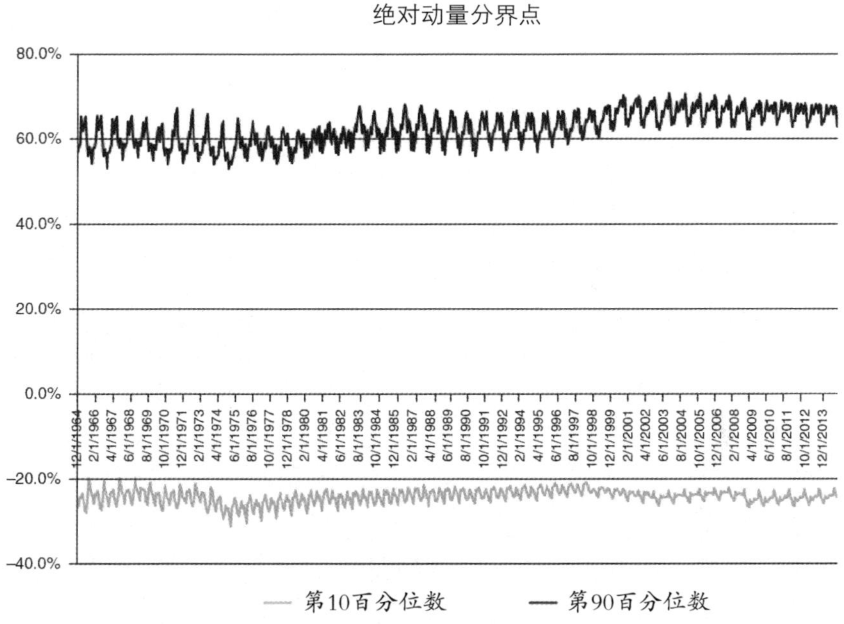

图A1.3 绝对动量分界点

我们得到的结果与前述论文的相似：从各项指标来看，绝对动量多头/空头投资组合的表现优于相对动量投资组合。为了深入研究绝对动量概念，我们分别考察了多头和空头投资组合的表现。

表A1.6 绝对动量多头/空头投资组合收益

	绝对动量（L/S）	相对动量（L/S）	标普500
CAGR	25.28%	17.97%	10.01%
标准差	23.26%	24.02%	15.04%
下行偏差	17.57%	20.58%	10.64%
夏普比率	0.88	0.61	0.38
索提诺比率（MAR= 5%）	1.17	0.71	0.54
最大回撤率	−68.27%	−70.86%	−50.21%

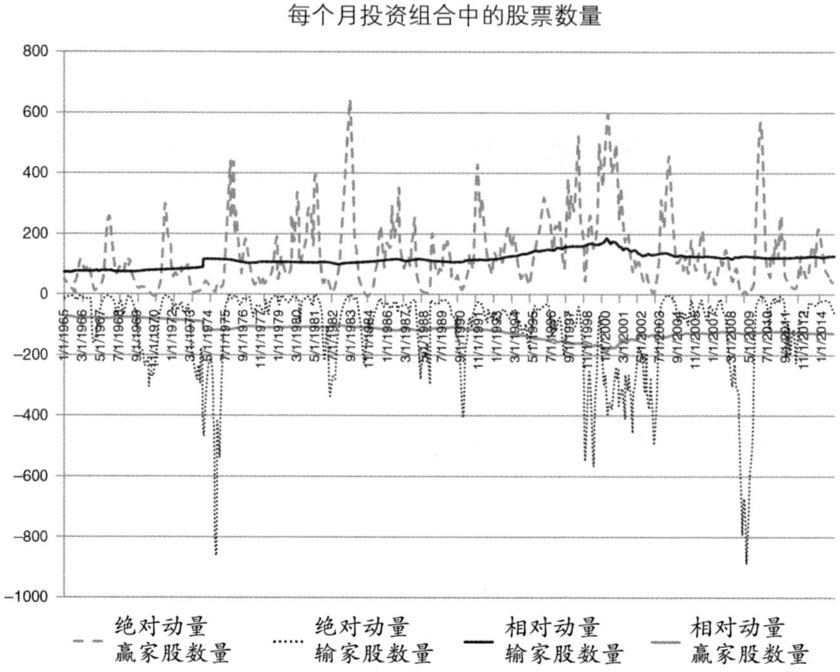

图A1.4 绝对动量投资组合中的企业数量

表A1.7列明了四种投资组合（绝对动量赢家和输家、相对动量赢家和输家）的收益结果。投资组合为月度再平衡的等权重组合，考察期间为1965年1月至2014年12月。所有的收益均为总回报，包含各种费用和交易成本。

表A1.7　绝对动量多头投资组合收益

	绝对动量赢家组合	相对动量赢家组合	绝对动量输家组合	相对动量输家组合
CAGR	18.91%	18.74%	−3.42%	2.40%
标准差	24.85%	25.11%	26.17%	26.20%
下行偏差	17.06%	17.41%	17.09%	17.39%
夏普比率	0.63	0.62	−0.19	0.03
索提诺比率（MAR= 5%）	0.91	0.89	−0.29	0.04
最大回撤率	−65.09%	−58.40%	−94.10%	−82.01%

从上面的结果可以看出，多头“赢家”投资组合的收益率是相似的，而且与经典的价格动量策略相比，绝对动量策略收效甚微。然而，绝对动量输家组合要比相对动量输家组合的表现糟糕得多。这些结果表明，是投资组合中的空头部分推动了多头/空头绝对动量策略和多头/空头相对动量策略之间的表现差异。

另一个潜在的问题是，运用绝对动量规则可能在每个月形成不同规模的投资组合，而利用相对动量信号能够在每月形成股票数量高度一致的投资组合。绝对动量规则为投资者间接地打开了接触大量未在回测中捕捉到的风险的机会。例如，2009年1月，绝对动量投资组合买空单一股票，而卖空800只股票。我们不知道，有多少投资者会认为持有仅含一只股票的投资组合是谨慎的行为。显然，这种做法没有在历史上产生巨大的影响，但在样本外测试中，它可能造成严重的后果。

■ 动量的波动性能够被抑制吗

动量投资的一个缺点是，高动量投资组合往往具有较大的回撤率和让人极度痛苦的波动性。一方面，这是可怕的特点；但另一方面，这又是动量得以持续的原因，正是它导致了套利的不易。但也许有更好的方法能应对动量策略的波动性。韩豫峰（Yufeng Han）、周国富（Guofu Zhou）和朱英姿（Yingzi Zhu）发表的《遏制动量崩盘：一个简单的止损策略》（*Taming Momentum Crashes: A Simple Stop-Loss Strategy*）一文是解决这一问题的出色尝试。几位作者针对经典的多头/空头动量投资组合运用了简单的止损规则，① 得到的结果令人印象深刻。运用10%的止损规则后，几位作者将最高月度亏损率从-49.79%降低到了-11.36%，夏普比率也提高了一倍多。

在这篇文章中，具体的交易策略可被总结为三条规则：

1. 根据过去的收益（该文使用了过去7个月、不包括最后一个月的收益）对股票进行分类，每月对多头和空头股的配比进行再平衡。

2. 每日监测多头组合：当多头头寸下降X%（如10%）时，卖出头寸并将资金用于无风险利率投资，直至月底。

3. 每日监测空头组合：当空头头寸上涨了X%（例如10%）时，补仓并将所有收益进行无风险利率投资，直至月底。

---

① 韩豫峰、周国富和朱英姿：《遏制动量崩盘：一个简单的止损策略》，工作论文，获取时间为2016年1月31日。

表A1.8列出了这篇论文的原始结果。运用止损规则后，不仅投资组合的月度回撤率变小了，平均收益率也提高了。运用5%的规则时，赢家减输家（WML）多头/空头组合的平均月收益率是最高的。任何能够降低回撤率、提高收益率的策略都很吸引人，都值得我们多加探究。

表A 1.8 等权重的止损动量月收益

变量	平均收益（%）	最低收益
	面板A：初始动量	
市场	0.65	−29.10
输家	0.24	−39.50
赢家	1.24	−33.06
赢家减输家	0.99	−49.79
	面板B：10%止损	
输家	−0.42	−39.27
赢家	1.27	−12.87
赢家减输家	1.69	−11.36
	面板C：5%止损	
输家	−0.83	−36.34
赢家	1.53	−8.48
赢家减输家	2.35	−8.94

当然，尽管看起来很容易操作，但金融市场上无易事。止损方法是有缺点的，那就是，该策略需要每日对每只股票的头寸进行分析，这对许多投资者而言是非常困难的，更不用说代价极大了。在多头投资者看来（这是本书的重点），止损策略的好处是微不足道的。例如，运用10%

止损规则的动量策略能够产生1.27%的月均收益率，这与多头买入和持有动量策略的收益差不多，后者的月均收益率为1.24%。尽管如此，止损方法依然是有益的，因为它能降低投资风险，我们接下来详细讨论一点。

与我们之前的分析类似，我们根据自己的条件研究止损策略。我们以美国的中大盘股为研究对象，重点分析多头组合。所有的收益均为总回报，不含任何管理费用或交易成本。为了与韩豫峰等人论文中的样本期间保持一致，我们考察了1927年1月1日至2013年12月31日期间的收益。我们分析了下列四种组合：

1. 高动量组合：由过去的动量（过去12个月、忽略最后一个月的总回报率）排名前10%的公司形成的股票组合。投资组合每月进行再平衡，且各股的权重相等。

2. 10%止损的高动量组合：由过去的动量（过去12个月、忽略最后一个月的总回报率）排名前10%的股票形成的组合。投资组合每月进行再平衡，且各股的权重相等。若月内任何单只股票的头寸下跌了10%，那么出售该股并持有现金到月底，届时将投资组合重新平衡为前10%的动量企业股票。

3. 5%止损的高动量组合：由过去的动量（过去12个月、忽略最后一个月的总回报率）排名前10%的股票形成的组合。投资组合每月进行再平衡，且各股的权重相等。若月内任何单只股票的头寸下跌了5%，那么出售该股并持有现金到月底，届时将投资组合重新平衡为前10%的动量企业股票。

4. 标普500：标普500总回报指数。

结果如表A1.9所示。

表A1.9 动量止损表现

	高动量组合	高动量组合10%止损	高动量组合5%止损	标普500
CAGR	19.34%	15.47%	15.29%	9.91%
标准差	24.78%	22.19%	18.31%	19.18%
下行偏差	18.26%	12.73%	8.36%	14.26%
夏普比率	0.70	0.61	0.68	0.41
索提诺比率（MAR= 5%）	0.87	0.93	1.31	0.44
最大回撤率	−71.73%	−64.02%	−48.11%	−84.59%

与风险管理组合相比，多头一般动量投资组合的复合年均增长率要高得多，然而，从风险状况来看，止损投资策略表现更好。但风险状况高度依赖于所运用的止损规则，这暗示其稳健性存在问题。相对于10%的止损规则，一般动量投资是更好的策略，但相对于5%的止损规则，一般动量投资的风险调整后收益率比较低。

单纯来看，止损规则很有趣，但通过止损进行风险管理并非唯一的选择。人们还可以对多头动量策略运用长期趋势跟踪规则[①] 和/或时间序

① 见梅布·法伯（Meb Faber）：《战术资产配置的量化方法》（*A Quantitative Approach to Tactical Asset Allocation*），《财富管理期刊》（*The Journal of Wealth Management*）2007年第9卷，第69—79页。

列动量规则[1]，这样可以避免每日评估动量投资组合的复杂工作。例如运用这样一个简单的时间序列动量交易规则：当标普500股过去12个月的收益率高于无风险利率时，则做多动量投资组合，否则就投资于无风险债券。我们检验了下面4种投资组合：

1. 高动量赢家时间序列动量组合（w/TSMOM）组合：由过去的动量（过去12个月、忽略最后一个月的总回报率）排名前10%的公司股票形成的组合。投资组合每月进行再平衡，且各股的权重相等。每个月运用12个月的时间序列动量交易规则。

2. 高动量投资组合：由过去的动量（过去12个月、忽略最后一个月的总回报率）排名前10%的公司股票形成的组合。投资组合每月进行再平衡，且各股的权重相等。

3. 10%止损的高动量组合：由过去的动量（过去12个月、忽略最后一个月的总回报率）排名前10%的股票形成的组合。投资组合每月进行再平衡，且各股的权重相等。若月内任何单只股票的头寸下跌了10%，那么出售该股并持有现金到月底，届时将投资组合重新平衡为前10%的动量企业股票。

4. 5%止损的高动量组合：由过去的动量（过去12个月、忽略最后一个月的总回报率）排名前10%的股票形成的组合。投资组合每月进行再平衡，且各股的权重相等。若月内任何单只股票的头

---

① 加里·安东纳奇（Gary Antonacci）:《双动量投资：高回报低风险策略》（*Dual Momentum Investing: An Innovative Strategy for Higher Returns with Lower Risk*），麦格劳希尔公司（纽约）2014年出版。

寸下跌了5%，那么出售该股并持有现金到月底，届时将投资组合重新平衡为前10%的动量企业股票。

收益为1928年1月1日至2013年12月31日之间的收益（不包括1927年，因为我们需要以12个月的数据来获得时间序列动量规则）。结果是费用总额，所有收益均为总回报，且包括分配（如股息）的再投资。

表A1.10列出的结果显示，对投资组合运用月度审核风险管理规则可以达到同等的风险管理水平，但操作的复杂程度要低于需要每日进行评估的止损规则。

表A1.10　时间序列动量表现

	高动量时间序列动量	高动量	高动量10%止损	高动量5%止损
CAGR	16.57%	18.93%	15.06%	14.88%
标准差	20.97%	24.84%	22.23%	18.32%
下行偏差	16.80%	18.31%	12.75%	8.36%
夏普比率	0.68	0.69	0.59	0.66
索提诺比率（MAR= 5%）	0.75	0.85	0.91	1.26
最大回撤率	−50.99%	−71.73%	−64.02%	−48.11%

如果投资者对管理投资组合的波动性感兴趣，我们建议他们首先要形成最佳的多头动量投资组合，然后将其与最佳的价值投资组合相结合。一旦实现了这一目标，且投资者也获得了风险调整后的最高期望股权溢价，投资者就可以在投资组合层面运用风险管理规则了。虽然对这

一方法的详细讨论超出了本书的范围，但我们建议，为了改善投资组合层面的风险管理，投资者要关注简单的趋势跟踪和时间序列动量类型的规则。

QUANTITATIVE MOMENTUM

附录B：投资表现统计指标定义

表A2.1列出了本书运用的投资表现统计指标的定义。

表A2.1　投资表现统计指标定义

统计指标	描述
CAGR	复合年均增长率
标准差	样本标准差（乘以12的平方根得到年化值）
下行偏差	所有观测值为负的样本的标准差（乘以12的平方根得到年化值）
夏普比率	月度收益率减去无风险利率的值除以标准差（乘以12的平方根得到年化值）
索提诺比率（MAR= 5%）	月度收益率减去最低可接受的收益率（MAR/12）再除以下行偏差（乘以12的平方根得到年化值）
最大回撤率	峰值跌至谷底的最大幅度
最差月收益	最差的月度表现
最佳月收益	最佳的月度表现
盈利月占比	收益为正的月份所占的比例

附赠在线动量股筛选工具

本书配备有一个专用网站，网址为：www.alphaarchitect.com。该网站包含：

- 本书中所介绍的动量股的筛选工具；
- 有关动量投资的其他研究；
- 有关量化投资发展的持续更新的博客；
- 其他更多对你有价值的内容。

量价分析：
量价分析创始人威科夫的盘口解读方法

ISBN：978-7-5153-4437-9
作者：〔英〕安娜·库林
定价：59.00元

- 美国亚马逊量价分析主题图书长期排名榜首。
- 威科夫量价分析法至今被华尔街所有投资银行奉为圭臬。
- 杰西·利弗莫尔、J·P·摩根、理查德·奈伊所倡导的盘口解读法。

利弗莫尔的股票交易方法：
量价分析创始人威科夫独家专访股票作手利弗莫尔

ISBN：978-7-5153-4285-6
作者：〔美〕理查德·威科夫　杰西·利弗莫尔
定价：38.00元

- 两位华尔街传奇人物的对话，一部珍宝级的投资宝典。
- 投资大师理查德·威科夫对利弗莫尔的独家专访首次整理成书。
- 从5元本金到身家过亿，缄默的股市传奇终于接受采访！

行为投资学手册：
投资者如何避免成为自己最大的敌人

ISBN：978-7-5153-4549-9
作者：〔美〕詹姆斯·蒙蒂尔
定价：39.00元

- 被评为"华尔街人必读的22本金融佳作"之一。
- 《怪诞行为学》作者丹·艾瑞里倾情推荐。
- 3小时迅速摆脱投资中常见的行为偏差和心理陷阱。

投机教父尼德霍夫的股票投机术

ISBN：978-7-5153-4887-2
作者：〔美〕维克多·尼德霍夫　劳蕾尔·肯纳
定价：59.00元

- 华尔街传奇人物的大胆惊人之语与投机智慧结晶。
- 带你进入一个另类的投机世界，成为股票实战投机中的高手。